Adiestra y Educa a tu Gato
(Entrenamiento de Gatos)

ROSWITHA BERGER

Su guía para gatos

Todos los que quieren tener un gato y también muchos propietarios de gatos con experiencia tienen preguntas sobre la tenencia de gatos. Si nunca ha tenido un gato, también debería pensar si un gato es una mascota adecuada. Tal vez un perro o un animal pequeño sea una mejor opción.

El audiolibro responde a las preguntas más importantes que se plantean una y otra vez sobre el tema de la tenencia de gatos.

© copyright 2022 Roswitha Berger

ÍNDICE DE CONTENIDOS

SU GUÍA PARA GATOS   2

CONSIDERACIONES GENERALES SOBRE LA TENENCIA DE GATOS   8

¿ME CONVIENEN LOS GATOS?   8

ASPECTOS LEGALES DE LA TENENCIA DE GATOS   9

GATOS Y EMBARAZO   10

CONSEJOS PARA TENER UN GATO   12

¿BEBÉ O ADULTO?   12

CLASIFICAR CORRECTAMENTE LOS DISTINTOS PROVEEDORES   13

VENTAJAS E INCONVENIENTES DE LOS GATOS DE RAZA   14

GATOS DE REFUGIOS DE ANIMALES   15

GATO DE EXTERIOR O DE INTERIOR   15

EL PROBLEMA DEL LIBRE ACCESO   15

LO QUE ES IMPORTANTE PARA LA VIVIENDA.   16

EL SUMINISTRO EN VACACIONES   17

EL CUIDADO DE UN GATO   18

ESTE CUIDADO DEBE SER   18

¿CEPILLAR LOS DIENTES DE LOS GATOS? 20

NUTRICIÓN DE LOS GATOS 21

COMIDA SECA O HÚMEDA 21

CÓMO RECONOCER UN BUEN FORRAJE 22

¿VOMITAR O NO? 23

LOS GATOS BEBEN MUY POCO 24

MERIENDA, LECHE Y HIERBA 26

CONSEJOS PARA CAMBIAR LA ALIMENTACIÓN 27

COMPRAS PARA EL GATO 28

TAZONES DE COMIDA Y AGUA 28

BANDEJA Y LECHO SANITARIO 29

INSTALACIONES PARA JUGAR, TREPAR Y RASCARSE 33

OTROS 36

HACER QUE EL HOGAR SEA SEGURO PARA EL GATO 39

ASEGURAR BALCONES Y VENTANAS 39

PRECAUCIÓN: TÓXICOS 41

PELIGRO DESDE ARRIBA 43

ACCESO AL PISO 43

EN EL VETERINARIO 44

4

SEGURO MÉDICO PARA GATOS	44
LO QUE HAY QUE SABER SOBRE LAS VACUNAS	44
ASTILLADO DEL GATO	47
LA CASTRACIÓN ES IMPRESCINDIBLE	48
PREPARAR LA VISITA AL VETERINARIO	49
MUESTRAS DE HECES Y ORINA	50
SE REQUIERE ANESTESIA	51

EDUCACIÓN Y FORMACIÓN DE LOS GATOS — 53

LO QUE LOS GATOS DEBERÍAN APRENDER	54
APRENDER A SOPORTAR LO DESAGRADABLE	55
ACOSTUMBRAR A LOS GATOS A LOS PERROS	56
ACOSTUMBRAR AL GATO A LA CARRETERA	58
POR QUÉ LA DOMA TIENE SENTIDO	60
EL ENTRENAMIENTO CON CLICKER PARA GATOS	61
TRUCOS APROPIADOS PARA LA ESPECIE	62

EL GATO SE ESCAPÓ — 63

MEDIDAS DE BÚSQUEDA ADECUADAS	63
AYUDAR A LAS ORGANIZACIONES	65

GATOS EN EL PSICÓLOGO — 66

CÓMO PIENSA UN GATO	66
CURAS AROMÁTICAS PARA GATOS	68

ALGUNAS PREGUNTAS TÍPICAS   68

EL GATO LO LAME TODO   68

EL GATO ARAÑA LA PUERTA   69

EL GATO CORRE POR EL PISO   70

EL GATO LO ARRUINA TODO   71

EL GATO SE ABRE PASO EN EL PISO   73

EL GATO NO SE ABRAZA   74

EL GATO ME TIENE MIEDO   75

ENFERMEDADES TÍPICAS DE LOS GATOS   76

RESPIRACIÓN   77

EL GATO RESPIRA RÁPIDAMENTE O CON DIFICULTAD.   77

EL GATO TIENE ALGO EN LA GARGANTA.   77

OJOS   79

CAUSAS COMUNES DE LAS ENFERMEDADES OCULARES   79

RESUMEN DE LAS ENFERMEDADES OCULARES TÍPICAS DE LOS GATOS   80

REMEDIOS CASEROS PARA LA INFLAMACIÓN DE LOS OJOS   81

MIEMBROS   82

LIMPIA   82

PATA HINCHADA   83

OREJAS   83

CONSECUENCIAS DE LOS ACCIDENTES   84

ESTADO DE SHOCK   85

CONMOCIÓN CEREBRAL   86

HERNIA DE DISCO   86

ESGUINCES Y TORCEDURAS   87

LESIONES INTERNAS 87

DIGESTIÓN 88

EL GATO VOMITA SANGRE 88

MOCO SANGUINOLENTO O SANGRE EN LAS HECES 89

DIARREA Y PÉRDIDA DE APETITO 89

AUSENCIA DE HECES Y PÉRDIDA DE APETITO 90

DIENTES Y ENCÍAS 91

REMEDIOS CASEROS PARA LA GINGIVITIS 91

¿CUÁNTO CUESTA EL TRATAMIENTO DENTAL EN EL VETERINARIO? 91

SÍNTOMAS Y CAUSAS DE UN VISTAZO 92

VARIOS 96

GATO GOTEANDO POR LA BOCA 96

EL GATO PIERDE LA GARRA 96

EL GATO PIERDE PELO 97

INFESTACIÓN POR GUSANOS EN LOS GATOS 99

PULGAS Y GARRAPATAS 101

SOBRE NUESTRA SERIE: MI GATO DE TODA LA VIDA 106

Consideraciones generales sobre la tenencia de gatos

Al contrario de lo que se suele suponer, los gatos no son solitarios. Casi todos los gatos quieren vivir en compañía de otros gatos. Por lo tanto, si tiene la intención de mantener a su gato sólo en un piso, debería tener dos o más gatos. A no ser que acojas a un gato mayor que no tolere la compañía de los gatos.

¿Me convienen los gatos?

Un gato es una criatura muy voluntariosa. Por un lado, exige mucha atención y, por otro, no le gusta que le subordinen. Si tienes la idea de que tú determinas la vida de la mascota, debes decir adiós a este pensamiento o a la tenencia de gatos.

En gran medida, puedes imponer tu voluntad a un perro. Aprende a acercarse a ti cuando se lo ordenas y se tumba en el lugar que se le asigna. Vivir con un gato significa negociar un compromiso con el animal. Su gato aceptará los límites, pero sólo obedecerá las órdenes si le gustan.

Ejemplo: Quieres que el animal se dirija a ti inmediatamente cuando tengas tiempo. Sin embargo, su gato decide por sí mismo cuándo quiere acurrucarse, jugar o tener su tranquilidad.

Los animales pequeños, como las cobayas, los hámsters o los conejos, son los que menos exigencias plantean al propietario. Estos animales se contentan si se mantiene la jaula limpia y se juega de vez en cuando con ellos. Sin embargo, sólo los animales disecados pueden arreglárselas sin ninguna atención. Un gato no está satisfecho si sus cuidados se limitan a limpiar la bandeja sanitaria y darle de comer.

Aspectos legales de la tenencia de gatos

Los propietarios no pueden imponer una prohibición general de tener gatos. Las cláusulas correspondientes de los contratos de arrendamiento de forma no son válidas. Pero se permite una cláusula que establece que la tenencia de animales requiere permiso. Los acuerdos individuales al celebrar un contrato de alquiler también pueden prohibir tener un gato.

Si se pide permiso a un propietario y éste quiere prohibir la tenencia de un gato, debe dar razones comprensibles para su decisión. Por tanto, no le basta con negarse personalmente a tener animales. Sin embargo, puede denegar el permiso si el tamaño y el número de animales no guardan una proporción razonable con el tamaño de la vivienda. Incluso si el entorno de vida es inadecuado, tiene una razón para negarse a tener gatos. Este es el caso, por ejemplo, si quieres tener un gato con acceso libre en el último piso de un edificio alto.

Por supuesto, usted es responsable de los daños causados por su gato en el piso. Como inquilino, usted es responsable de no dañar la propiedad alquilada. Sólo eres responsable de los daños fuera del piso si el perjudicado demuestra que tu gato es el responsable. El seguro de responsabilidad civil privado suele cubrir los daños causados por un gato. Sin embargo, puede negarse a sustituir una puerta arañada, por ejemplo, si el gato la araña constantemente. Esto sería el desgaste.

También puede haber problemas con los dispositivos de seguridad en ventanas y balcones. Los propietarios pueden exigir que se eliminen las estructuras que sean visiblemente visibles desde el exterior. En cambio, las redes que apenas son visibles y que pueden retirarse fácilmente sin dejar rastro no suelen ser un problema. Esto es especialmente cierto si también son espalderas y pueden contarse principalmente como plantaciones de balcón.

Quien adquiera un gato sin consultar al propietario en caso de prohibición de tener animales, se arriesga a la rescisión sin previo aviso.

Gatos y embarazo

Muchas mujeres temen que un gato pueda hacerles daño a ellas y al futuro bebé. Algunos incluso se deshacen del querido animal por este motivo. Pero los gatos no suponen ningún peligro.

Sólo una primera infección por Toxoplasma gondii puede tener efectos perjudiciales, siempre que no se haya tenido toxoplasmosis anteriormente. Por ello, la prueba de esta enfermedad forma parte de los cuidados prenatales. Muchas mujeres sólo se enteran ahora de que han tenido la infección y han sobrevivido. Así que no hay que preocuparse, porque no hay una segunda infección con el parásito.

Las futuras madres que aún no han contraído la enfermedad deben tener cuidado. Esto no sólo se aplica a la manipulación del gato.

- ✓ Evite la carne y el embutido crudos.
- ✓ Utilice guantes y un protector bucal cuando trabaje en el jardín.
- ✓ Lavar bien la fruta y la verdura, porque el patógeno también

puede adherirse a ellas.

✓ Absténgase de limpiar la caja de arena. Deja que otro miembro de la familia haga el trabajo.

✓ Asegúrate de que la bandeja sanitaria se limpia diariamente con agua a más de 60º.

Por supuesto, puedes seguir jugando con el gato y acariciarlo, pero lávate las manos después. A veces, las visiones de horror de que el gato pueda dañar al bebé más adelante también les disuaden. Los gatos suelen aceptar rápidamente al nuevo miembro de la familia si no lo excluyen repentinamente de la vida familiar. Hay que dejar que conozca al bebé y lo huela.

Para evitar que el gato abuse de la cama o el cochecito del bebé como lugar para dormir, prepara todo el mobiliario para el bebé mucho antes del nacimiento. El gato puede mirar todo, pero no acostarse en él. Para evitar cualquier peligro para el recién nacido, vigila el contacto entre el gato y el niño hasta que el bebé pueda gatear. Por cierto: el gato no atacará al bebé, porque los bebés no son presa para él. Sin embargo, se acercará curiosamente al bebé y saltará sobre el cambiador cuando cambie los pañales, por ejemplo.

Experimentarás lo bonito que es que un niño crezca junto a una mascota.

Algunas razas de gatos son algo sensibles cuando tratan con niños y tienden a ser muy celosos. Con los gatos domésticos normales se tienen menos problemas de este tipo.

Consejos para tener un gato

La mayoría de las veces, el gato de tus sueños no aparece de repente en tu puerta. Por lo tanto, piense en el lugar donde quiere conseguir el gato y si quiere un gato de raza, un gatito o un animal adulto.

¿Bebé o adulto?

¿Un gatito superguapo y muy joven encabeza tu lista de deseos? Pero ten en cuenta que incluso los gatitos crecen rápidamente. Por lo tanto, se enfrentará a un gran gato la mayor parte del tiempo. Pero el cuidado de los gatitos requiere más tiempo y no se sabe cómo se desarrollarán los pequeños.

Un gato adulto tiene la ventaja de que el anterior propietario puede decirle mucho sobre el animal. Por ejemplo, sabe si es adecuado como gato de interior. Además, la oferta de gatos adultos es mucho mayor que la de gatitos, porque muchos propietarios regalan los animales por diversos motivos. Sólo en el caso de los gatos de raza suele haber más bebés en el mercado que animales adultos. Sin embargo, los precios de los animales adultos suelen ser más bajos.

Lo que habla en contra de un gato adulto es que a veces es difícil aclimatarse. Esto es especialmente cierto en el caso de los animales que se adquieren de un propietario con el que los gatos se han sentido cómodos.

Clasificar correctamente los distintos proveedores

Muchas personas ofrecen gatos en anuncios clasificados. Dicen ser criadores o mencionan que es una emergencia que les obliga a vender el gato.

Además de los proveedores reputados, los "multiplicadores" y los ladrones de animales también retozan en los portales de Internet. Es difícil saber qué afirmaciones son ciertas. Pero hay claros indicios de ofertas dudosas:

➢ Los criadores rara vez ofrecen los animales en los anuncios. La demanda de gatos con pedigrí es alta y la mayoría de los interesados buscan a través de las asociaciones de criadores. Como hay más compradores interesados que cachorros de gato, los criadores apenas se ven obligados a buscar compradores a través de anuncios.

➢ Por lo general, un criador pertenece a una asociación. Mantiene a los animales padres, al menos las madres y los gatitos, en la casa. Los animales viven en familia.

➢ Si quieres a tus gatos, sólo los pondrás en buenas manos. Una mala señal es que el vendedor no se informe sobre las condiciones de vida en las que vivirán los animales con usted. Esto se aplica a los gatitos y a los gatos adultos.

➢ Los ladrones no suelen tener papeles para los gatos. Como mínimo, debe haber un certificado de vacunación, que puede asignarse claramente a través de un chip que lleva el gato. En el caso de los gatos con pedigrí, también debe haber documentos que muestren el pedigrí. Asegúrese de comprobar el número del chip.

Ventajas e inconvenientes de los gatos de raza

Comprar un gato de raza a un criador no sólo tiene ventajas:

Ventajas	Desventajas
Las diferentes razas también difieren en su carácter. Puedes elegir conscientemente un gato que sea susceptible de desarrollar ciertos rasgos de carácter.	Los gatos de raza son relativamente caros.
Los criadores están sujetos a una normativa estricta. Por lo tanto, saben que los gatitos ya han sido bien cuidados en el útero.	Hay una falta de experiencia con lo "salvaje" durante generaciones. Por lo tanto, el acceso al exterior apenas es posible para los gatos de raza, ya que las madres gatas no podrían acostumbrar a los gatitos a la vida al aire libre.
Normalmente se desparasita y se vacuna a los animales.	Los ladrones tienen como objetivo específico los gatos de raza. Por lo tanto, debe asegurar bien los balcones o los recintos exteriores.
Si tiene alguna pregunta sobre la cría después de la compra, el criador estará a su disposición para darle buenos consejos.	Hay que contar con los gastos veterinarios, ya que es necesario realizar exámenes regulares debido a las predisposiciones hereditarias.
Aprenderá todo sobre el origen de los gatitos a lo largo de varias generaciones.	Los gatos de raza a veces viven menos tiempo que los gatos domésticos normales.

Gatos de refugios de animales

Hay innumerables gatos de todas las edades en el refugio. Algunos de ellos son gatos con pedigrí, pero la mayoría no tienen papeles. Si quieres tener un gato, primero debes ponerte en contacto con el refugio de animales local.

Los cuidadores conocen muy bien a los animales y pueden contarte mucho sobre sus peculiaridades. Además, a menudo existe la opción de conocer al gato en el hogar o en su propia casa antes de tomar la decisión final.

Nota: Los centros de acogida cobran una cuota y suelen firmar un contrato con usted. Es habitual que el personal del refugio le visite para comprobar que los animales están bien. Por regla general, no está permitido entregar los gatos a otro propietario sin el consentimiento del refugio.

Gato de exterior o de interior

Además de la situación de vida concreta, sus ideas y expectativas sobre la tenencia de gatos influyen en esta decisión.

El problema del libre acceso

Con un gato de exterior, nunca se sabe dónde está y qué come. Esto se aplica tanto a los venenos como a la comida para gatos. Unos gatos vagabundos campan a sus anchas por el barrio y el dueño se pregunta por qué el gato está cada vez más gordo, aunque apenas come en su casa.

Los animales en libertad están amenazados por los coches, los cazadores y los cazadores. En la mayoría de los estados federales, los cazadores están autorizados a disparar a los gatos que se encuentren a más de 200 metros de las casas habitadas.

El acceso a su propia casa también puede ser problemático. Las puertas para gatos que sólo se abren cuando su gato se acerca a ellas son ideales. Un chip implantado bajo la piel y la electrónica en la puerta lo hacen posible. Una puerta para gatos no asegurada permitirá que cualquier animal del tamaño de un gato entre en la casa. Un cuenco de comida lleno atrae incluso a zorros y mapaches.

En los pisos de alquiler, la instalación de una puerta para gatos no suele estar permitida. Su gato puede convertirse en un verdadero desafío si le molesta constantemente porque quiere entrar y salir. Sólo está satisfecha cuando la ventana o la puerta del balcón permanecen permanentemente abiertas. Sin embargo, esta solución difícilmente le convendrá en invierno, durante su ausencia o por la noche.

Lo que es importante para la vivienda.

Salvo algunas excepciones, debería acoger a dos o más gatos, porque los animales necesitan el contacto con los de su especie. Por supuesto, esto también significa que los gatos necesitan espacio para jugar y retozar.

Al menos debería haber un lugar en una ventanilla segura. Mejor es el acceso a un balcón. A su gato le encanta sentarse al aire libre bajo el sol.

Los gatos que viven exclusivamente en el interior necesitan un humano que los cuide. Planifica tiempos de juego regulares.

Por supuesto, tu gato necesita al menos una bandeja sanitaria que limpies regularmente. Como la mayoría de los gatos hacen el pequeño y el gran negocio en lugares diferentes, es mejor tener dos aseos. Como regla general, debería haber una bandeja sanitaria más que gatos en la casa.

Importante: No todos los gatos se conforman con no tener acceso al exterior. Los gatos de raza que nunca han vivido en el exterior suelen aceptar que se les mantenga sólo en el interior. En cambio, los gatitos nacidos en la naturaleza casi nunca se acostumbran.

El suministro en vacaciones

Aunque ames al gato de forma idolátrica, seguro que querrás irte de vacaciones. Tienes varias posibilidades para organizar este tiempo para el gato.

Los animales libres son fáciles de cuidar. Es suficiente con que los vecinos pongan comida dos veces al día. Esto debe hacerse en el lugar habitual. Evite los viajes más largos si su gato nunca ha experimentado estar fuera unos días y volver. Su gato puede ver una ausencia de una semana como "ha sido abandonado". Esto hace que busque nuevas personas. Luego se escapa.

Los gatos planos sufren mucho cuando sus humanos familiares están lejos. No basta con alimentarlos dos veces al día. Una persona familiarizada con el gato debería visitarlo una media de tres veces y pasar algún tiempo con el animal. Además, la caja de arena debe limpiarse diariamente.

En el caso de los gatos muy apegados a las personas, es una buena idea colocar al animal con amigos o simplemente llevarlo con usted en su viaje. En los pisos de vacaciones y con un trayecto relativamente corto, esto no suele ser un problema.

Un buen centro de acogida de gatos también es una alternativa. El gato debe vivir en una habitación amplia o en un recinto exterior con refugio. Por otro lado, las instalaciones de alojamiento que confinan a los gatos en jaulas son una imposición para el animal.

El cuidado de un gato

Los propietarios de gatos y los gatos tienen opiniones diferentes sobre el aseo. El hecho es que los propios gatos se encargan de la limpieza del pelaje y también hacen un excelente trabajo para mantener las garras intactas. Los humanos tienden a exagerar bañando al gato y cortándole las uñas. Pero dejar el aseo enteramente en manos del gato tampoco es una solución.

Este cuidado debe ser

Al menos los gatos de pelo largo y los que tienen un subpelo denso deben ser cepillados regularmente. Un cepillo de goma suave o un cepillo de pelo de bebé son ideales para los animales de pelo corto. El cepillado es un masaje agradable y tiene la ventaja de que se evita que el pelo del gato esté por todo el piso durante el cambio de pelaje.

Imagen 1Kit de aseo para gatos

Para los gatos de pelo largo o con un subpelo denso, el Furminator ha demostrado su eficacia. Elimina incluso el pelo enmarañado. Los peines también ayudan al aseo. Al cepillar y peinar, se evita que el gato trague grandes cantidades de pelo mientras se acicala, lo que suele provocar problemas digestivos.

Por lo demás, basta con mirar los ojos y los oídos para ver si hay una secreción purulenta o migas oscuras. El mal olor también es un signo de enfermedad (véase "Enfermedades típicas de los gatos"). Comprueba también las patas para ver si el animal tiene alguna lesión.

Si es un vagabundo libre, busque garrapatas todos los días. Los chupasangres suelen posarse en los párpados, el ano o entre los dedos de los pies. En el capítulo "Pulgas y garrapatas" se describe detalladamente cómo eliminarlas.

¿Cepillar los dientes de los gatos?

De hecho, la mayoría de los gatos desarrollan problemas con sus dientes o encías a partir de los 6 años. La razón hay que buscarla en la dieta. En la naturaleza, los gatos no comen carbohidratos, que proporcionan un caldo de cultivo ideal para las bacterias en la boca. Al masticar la presa también se limpian los dientes.

La comida húmeda blanda no hace nada para limpiar los dientes. El alimento seco se considera erróneamente un sustituto del cepillo de dientes. Casi ningún gato lo mastica, sólo lo engulle. Incluso si lo aplastan con los dientes, esto no tiene ningún efecto positivo en la higiene bucal. Se desmorona inmediatamente y, con la saliva, se convierte en una papilla en la que los gérmenes se sienten a gusto.

La mejor y más natural manera de limpiar los dientes es que el gato mastique carne dura. Dos o tres veces a la semana estas comidas de carne deberían ser suficientes.

El cepillado de los dientes sólo suele ser tolerado por los gatos si ya están acostumbrados a un cepillo de dientes cuando son cachorros. Empieza con un juego. Necesitas un cepillo de dientes con un cabezal pequeño y cerdas suaves. Toca la boca hasta que el gato mastica el cepillo. Ahora trata de hacer movimientos de cepillado. Si esto funciona, usa pasta de dientes para gatos. Esto sabe a pollo u otras golosinas. Los productos para humanos no tienen buen sabor para los gatos e incluso pueden ser perjudiciales. El flúor, por ejemplo, es puro veneno para el cuerpo del pequeño gato.

Nutrición de los gatos

Incluso los gatos de exterior no suelen alimentarse de ratones. La comida para gatos de los humanos obviamente les sabe mejor.

Comida seca o húmeda

Un gato de unos cuatro kilos de peso corporal necesita entre 200 y 330 gramos de comida húmeda o entre 62 y 87 gramos de comida seca. Un gato tranquilo necesita menos que un animal muy ágil.

Aunque muy pocos gatos domésticos están dispuestos a alimentarse de animales de presa, su organismo sigue adaptado a este alimento. Por lo tanto, el alimento debe basarse en la composición de los ratones y las aves. Como todos los animales de sangre caliente, el 70 % de su alimentación consiste en agua. El 15 % son proteínas y el 10 % grasas.

Los animales pequeños sólo contienen entre un 1 y un 2 % de hidratos de carbono. La dieta natural del gato no contiene semillas de granada, proteínas de soja ni salsa.

La comida seca es, por supuesto, muy práctica. Se puede transportar fácilmente, se guarda bien y no huele cuando está en el recipiente durante días. Así que pon un gran cuenco de comida seca para tu gato. Que se sirva como quiera. Su gato lo agradecerá, ya que los fabricantes han hecho que el alimento sea muy sabroso utilizando diferentes ingredientes.

Este enfoque es como poner cualquier cantidad de deliciosos dulces en la mesa de tu hijo. El niño estaría encantado, pero esa dieta no es saludable. Se vuelve gordo y perezoso.

Para los gatos, una dieta de comida seca es doblemente perjudicial porque no beben lo suficiente. La comida natural contiene suficiente agua, por lo que no necesita un aporte adicional de agua. El alimento seco no aporta ningún líquido y priva al organismo de agua porque se hincha en el estómago. Por lo tanto, los problemas de obesidad y de los riñones están preprogramados si se da comida seca.

Por lo tanto, opte por la comida húmeda, ya que es más digerible para el gato.

Cómo reconocer un buen forraje

La pregunta sigue siendo: ¿cuál de los muchos productos es un buen pienso? Aborda el problema desde el otro lado. ¿Cómo se reconoce un pienso inadecuado?

Evite las variedades para las que se aplica lo siguiente:
- ➢ La proporción de componentes vegetales es superior al 5 %. Esto afecta a los cereales y a otras plantas como la soja o las patatas.
- ➢ El pienso contiene azúcar u otras sustancias edulcorantes.
- ➢ Contiene colorantes y conservantes.

Cualquier alimento sin los aditivos mencionados y con una menor proporción de plantas es adecuado para los gatos. Si la proporción de carne está entre el 70 y el 80 % y los despojos figuran por separado, es un buen alimento. Lo ideal es un contenido de proteínas del 10 % y un contenido de grasas del 6 al 7 %.

No preste tanta atención a las vitaminas y a la taurina, incluso una mala comida para gatos contiene muchas de ellas. Además, el contenido de calcio es menos importante que la relación entre el calcio y el fosfato. Debe haber aproximadamente 1,15 partes de calcio por una parte de fosfato para conseguir una estructura ósea sana. Si la proporción no es correcta, se formarán cálculos de estruvita u oxalato cálcico.

¿Vomitar o no?

La "alimentación cruda biológica adaptada a la especie" (BARF) para gatos está muy de moda y, por desgracia, a menudo se malinterpreta por completo. La mayoría de las veces ofrecen al gato carne de músculo puro. Sin embargo, sería apropiado para la especie alimentar al animal con ratones o pollitos.

Sin suplementos especiales, las dietas de carne muscular carecen de vitaminas, minerales y taurina. Los suplementos vitamínicos son problemáticos porque especialmente las vitaminas liposolubles como la A (retinol), D (colecalciferol), E (tocoferol) y K (filoquinona) son difíciles de dosificar. Los gatos no pueden excretarlas como las vitaminas hidrosolubles. La vitamina E puede provocar una intoxicación mortal, al menos en los animales jóvenes. La vitamina D favorece la formación de cálculos urinarios en gatos de todas las edades.

Déle carne de vaca, de ave, de caza o de cordero como alimento, pero nunca de cerdo. Este último puede contener el virus Aujeszky (patógeno de la pseudo-rabia), que no es seguro que se destruya con el calor. Por lo tanto, no ayuda a cocinar la carne por completo. Por favor, no alimente al gato con carne sobrante de la mesa o con carne que no le parezca fresca. Los gatos no son carroñeros ni toleran las especias. Las cebollas, los ajos y los puerros son incluso venenosos para los animales.

La manipulación de la carne cruda puede provocar el contacto con Salmonella, Escherichia Coli, Campylobacter o los parásitos Toxoplasma gondii. Por lo tanto, los niños y las mujeres embarazadas no deben entrar en contacto con el alimento.

Si quieres vomitar, lo mejor es comprar comida completa congelada para vomitar en una tienda especializada. A largo plazo, no hay que renunciar por completo a la carne cruda porque obliga al gato a masticar y, como ya se ha descrito, esto es bueno para el cuidado dental. Si sólo sustituyes algunas comidas por carne, no tienes que preocuparte por las vitaminas, los minerales y la taurina.

Los gatos beben muy poco

Como ya se ha mencionado, los gatos no están acostumbrados a beber. De todos modos, la mayoría de los gatos detestan encontrar un cuenco de agua con su comida, porque en la naturaleza no comen en el abrevadero.

No hay regla sin excepción: algunos gatos de raza, como el Maine Coon o el gato turco Van, adoran el agua. Se bañan en ella e incluso de vez en cuando lavan su comida. Estos gatos deben tener un cuenco de agua junto a la comida.

Coloque varios cuencos de agua en diferentes lugares de la casa. El agua en movimiento, como una fuente ornamental o un acuario, anima a los gatos a beber de ella. En cambio, el cuenco más bonito suele ser ignorado. A menos que tengas una pecera con pirañas en el piso, no hay ningún daño si el gato bebe del acuario. Pero una fuente de interior rara vez es adecuada como bebedero para gatos, porque suele contener muy poca agua. La bomba puede averiarse y el suministro de agua se estropea rápidamente.

Ilustración 2Fuente de agua, ©rgladel

Los bebederos especiales contienen una cantidad de agua suficientemente grande y el filtro de carbón que contienen mantiene el agua fresca.

Merienda, leche y hierba

La leche y los aperitivos pertenecen a la categoría de golosinas que un gato no necesita necesariamente, pero que, por supuesto, le gusta picar. Sin embargo, el amor por la leche es mayoritariamente endogámico. Al gato se le ofreció leche en lugar de agua tras ser destetado de su madre. Tenga cuidado con la leche de vaca, porque los gatos adultos son intolerantes a la lactosa. Les da diarrea. Si quieres darle leche al gato, compra leche para gatos en la tienda de animales o leche sin lactosa. Asegúrese de que el producto no contiene azúcar. No utilice leche de soja, leche de avena, leche de almendras u otros sustitutos de la leche elaborados a partir de plantas.

Los tentempiés para gatos también suelen ser cuestionables, porque muchos contienen azúcar o despojos. Por supuesto, a los gatos les gusta eso. Pero el azúcar es malo para los dientes y desencadena la diabetes. Los despojos contienen vitaminas liposolubles, por lo que hay que dar este tipo de aperitivos con moderación. Por lo general, los tentempiés son una recompensa y no una comida.

A los gatos les encanta comer hierba. Se abalanzan literalmente sobre una maceta con cosas verdes. Sin embargo, lo vomitan de nuevo. Sirve para limpiar el estómago. En la naturaleza, los gatos ingieren bastante material no digerible, como el pelo de su propia piel y, por supuesto, los huesos y el pelo de las presas. Para evitar que esta mezcla se agrupe en el estómago y obstruya el intestino, los gatos comen hierba. Esto ejerce una irritación en el revestimiento del estómago y el animal vomita lo que no puede digerir.

Aunque un gato al que cepillas regularmente y que no devora ratones enteros no necesita esta limpieza de estómago, los gatos son bastante aficionados a ella. Las bolas de pelo sólo se forman cuando el pelo se desprende al cepillar con la lengua. Por lo tanto, apenas se forman cuando se quita el pelo con el cepillado.

pastas contra las almohadillas, ablandándolas y asegurando su eliminación a través de los intestinos. Esto es práctico para los humanos porque no tienen que recoger el vómito. Es más apropiado para la especie resignarse a consumir hierba.

Consejos para cambiar la alimentación

A largo plazo, su gato debería estar acostumbrado a comer tres o cuatro tipos de alimentos. Esto le ahorra a usted y al animal el estrés cuando el producto habitual ya no está disponible.

Sin embargo, los gatos no están necesariamente dispuestos a tocar algo que no conocen. Algunos gatos se comen todo lo que hay en el cuenco, pero se rompen después. Por lo tanto, debes acostumbrar a tu querido poco a poco a los nuevos alimentos.

El siguiente procedimiento ha dado buenos resultados:

> Elige dos o tres tipos de alimentos que quieras dar en

alternancia con la comida habitual en el futuro.

- ➤ Añade una cucharada de una de las nuevas variedades a la comida habitual y cambia la adición en cada comida o en un ritmo diario.
- ➤ Después de 14 días, aumentar la cantidad del nuevo alimento. El cuenco contiene ahora partes iguales de la comida habitual y de la nueva.
- ➤ De nuevo, cambie el tipo de alimento que añade diariamente o en cada comida.

Precaución: No siga el método: "El hambre es el mejor cocinero". Sin una ingesta regular de proteínas, puede desarrollarse una lipidosis hepática (hígado graso). La enfermedad puede ser mortal, incluso con tratamiento veterinario.

Compras para el gato

Su gato necesita muebles y objetos cotidianos para sentirse cómodo con usted.

Tazones de comida y agua

Los comederos de cerámica, porcelana o vidrio son ideales. El material es bastante pesado, por lo que se mantiene en su sitio. También es fácil de limpiar. Los cuencos poco profundos son más adecuados para los gatos con la nariz corta que las versiones profundas.

Ilustración 3: Cuenco para gatos, © rgladel

Los cuencos de agua deben ser grandes y pesados para que el agua esté siempre disponible y el gato no pueda volcar el cuenco. Al menos consigue una alfombra para el cuenco de la comida, porque la mayoría de los gatos esparcen la comida junto al cuenco.

A los gatos les encanta la limpieza. Por esta razón, se necesitan dos o tres comederos por animal, idealmente de vidrio o cerámica. Además, es importante contar con dos o tres recipientes profundos para el agua. Un bebedero y unas almohadillas lavables completan la gama de platos para gatos.

Bandeja y lecho sanitario

Los gatos son muy limpios por naturaleza. Por regla general, la gata madre muestra a los gatitos dónde hacer sus necesidades y cómo enterrarlas. Pero la mayoría de los gatos tienen una idea muy precisa de cómo debe ser su baño. Los gatos son aún más sensibles a la arena.

No se trata sólo del material o de si se trata de un producto grumoso. El tamaño del grano también es importante para ellos. Algunos animales sólo aceptan la arena para gatos que conocieron cuando eran bebés. A la gente le gusta esconder la caja de arena del gato. Al menos debería ser un modelo con capó. La ventaja es evidente, ya que estas cajas de arena evitan que la arena o incluso las heces y la orina acaben en el suelo. A los gatos les gusta observar el entorno para que no le sorprendan. Por eso se suelen utilizar los inodoros de capó de esta manera. <u>Por cierto</u>: ningún modelo evita de forma fiable que la arena para gatos se extienda por el piso. Incluso las alfombras especiales son de poca ayuda.

Ilustración 4Caja de arena con capota, © rgladel

Lo mejor es orientarse en el modelo que los gatos conocen. Los gatitos suelen tener una bandeja sanitaria plana a la que pueden subir fácilmente. Esta bandeja sanitaria suele ser suficiente incluso a una edad avanzada.

Sin embargo, algunos gatos se sientan tan atrás cuando orinan que el líquido salpica detrás de la bandeja sanitaria. Aunque el gato quiere no ser molestado, siempre quiere poder observar su entorno.

Los gatos están bastante dispuestos a compartir la bandeja sanitaria. Sin embargo, prefieren hacer sus negocios grandes y pequeños en lugares separados. Lo ideal es proporcionar un retrete más que el número de gatos que viven en la casa.

Los propietarios de gatos saben que la arena es más importante para la mayoría de los gatos que el tipo de retrete. Algunos gatos siameses ya han utilizado el cubo de arena que todavía tenía restos de la arena a la que estaban acostumbrados, en lugar de la bandeja sanitaria con un nuevo tipo.

La tabla muestra los diferentes tipos de basura:

Tipo de producto	Propiedades	Limpieza de la bandeja sanitaria
Lecho orgánico no aglomerante	+ no se empolva + muy absorbente + compostable + a menudo para ser	Retire los excrementos diariamente con una pala y rellene el lecho sanitario según sea necesario.

	eliminado a través del WC + en su mayoría bien digerible - mediocre fijación de los olores	Sustitúyalo completamente al menos una vez a la semana.
lecho orgánico aglomerado	+ no se empolva + muy absorbente + compostable + a menudo para ser eliminado a través del WC - mediocre fijación de los olores - Prueba de solubilidad adecuada	Retirar diariamente los excrementos y terrones con una pala. Rellenar con arena según sea necesario y cada 2 semanas aproximadamente. renovar completamente.
Lecho de silicato	+ no se empolva + muy absorbente + excelente fijación de los olores - Si cruje, puede asustar al gato. - No debe ser comido por el gato.	Retire los excrementos diariamente con una pala y Reemplace la arena por completo cada 4 semanas. Eliminación a través de la basura doméstica y no en el inodoro.
Lecho mineral no aglomerante	+ muy absorbente + bastante buena retención de olores - polvos - Prueba de solubilidad adecuada.	Retirar los excrementos diariamente con una pala y rellenar con arena. Reemplace el lecho sanitario por completo al menos una vez a la semana.

		Eliminación a través de la basura doméstica y no en el inodoro.
arena mineral aglomerante	+ muy absorbente + bastante buena retención de olores - polvos - Prueba de solubilidad adecuada.	Retire los excrementos y los grumos diariamente y rellene con arena. Reemplace el lecho sanitario por completo al menos una vez a la semana. Eliminación a través de la basura doméstica y no en el inodoro.

Nota: Los animales jóvenes y algunos animales mayores que sufren el síndrome de pica son más propensos a comer arena para gatos. Sólo los productos que se disuelven rápidamente en el agua son adecuados para estos animales.

Importante: No utilice productos con fragancias. Estos pueden desencadenar reacciones alérgicas en humanos y gatos. Además, a los gatos no les suelen gustar las fragancias sintéticas.

Instalaciones para jugar, trepar y rascarse

Los gatos necesitan oportunidades para desahogarse. Esto es especialmente importante para los animales que no tienen acceso al exterior. Además de muchos juguetes pequeños, como cañas de pescar y ratones de piel, debe haber suficientes oportunidades para trepar y arañar.

Los postes de rascado de las tiendas de animales suelen ser

demasiado pequeños e inestables. Tampoco tiene que ser siempre un árbol. Un muro de escalada o un mueble que se rediseña para el gato suele ser más adecuado.

Un buen mueble rascador es mejor que lo construya usted mismo o que pida a un carpintero que lo haga. Aquí tienes algunas sugerencias:

Los estantes deben tener unos 50 cm de ancho y 80 cm de largo. Clave la tabla inferior en el suelo y la superior en el techo. Para dar estabilidad a la estructura, inserta tres varillas roscadas en la profundidad de la columna superior con la ayuda de tuercas. Deben poder desenroscarse hacia arriba unos 10 cm y permanecer firmemente anclados en la columna. De este modo, podrá hundir los extremos superiores de las varillas en el panel fijado al techo. Para los gatos grandes y pesados o los animales muy temperamentales, es mejor fijar dos de los estantes con ángulos a una pared. Ponga cuerda de sisal en uno de los postes y alfombra o cartón en los estantes.

El árbol natural se basa en un árbol real del bosque o en una rama muy fuerte. Atorníllalo a una tabla con varios tornillos resistentes a la oxidación. El árbol debe ser capaz de mantenerse en pie sin apoyo. Corta con una sierra los extremos paralelos al suelo y atornilla en ellos tablas y una cueva. Por supuesto, la construcción no resistiría la embestida de un gato. Por lo tanto, hunda la placa base en el hormigón. La pesada base evita que el árbol se caiga.

Un muro para rascar y escalar es perfecto para un piso pequeño. Las tablas inclinadas sólo necesitan una profundidad de 15 a 20 cm. Las tablas horizontales sirven como lugares de descanso y deben tener entre 35 y 40 cm de profundidad. Lo mismo ocurre con los troncos que sostienen una hamaca. También puedes hacer soportes para hamacas con tableros de MDF.

Importante: normalmente su gato también querrá arañar cerca de la puerta. De este modo, marca su territorio. Quiere dejar su huella porque así demuestra su fuerza a otros gatos. Cubre la puerta con un material resistente, como una lona, para evitar que se raye la madera. La mejor forma de proteger las paredes es con papel pintado de fibra de vidrio o con yeso de rodillo. Para mantener al gatito contento, también puedes conseguir una tabla de rascar hecha de cartón corrugado.

Muchas razas de gatos necesitan un lugar de retiro. Una caja de cartón o un cajón de madera con mantas es suficiente y más práctico que un cubil acolchado. Puedes lavar simplemente las mantas sueltas cuando estén sucias. A los gatos les encantan las guaridas que están a una altura aireada. Así que fije uno de forma segura a un armario o a un marco de escalada para los gatos también.

Otros

No se preocupe demasiado por el lugar donde debe dormir su gato ni por los juguetes que necesita. Al cabo de poco tiempo, se habrán acumulado mágicamente todo tipo de cosas para que tu gato juegue.

Utilice objetos cotidianos como juguetes para gatos. Arrastra bolas de papel para que tu gato las atrape. Deje las cajas de cartón en el interior durante unos días. Una caja cerrada incita a su gato a abrirla con sus garras. Durante unos días, la guarida así conquistada es un gran lugar para dormir. Entonces los gatos pierden el interés y pueden deshacerse de la caja sin remordimientos de conciencia.

Ilustración 5Haz tus propios juegos para gatos.

Nota: A los gatos les encanta perseguir el punto rojo producido por un puntero láser. Por desgracia, puede quedarse ciega si mira al puntero. Por lo tanto, los punteros LED son mejores. La luz no hace daño. A menudo no podrás ver bien la luz, pero eso no importa porque el gato la ve.

Su gato suele decidir por sí mismo dónde dormir. Algunos prefieren las almohadillas blandas. Pero también hay ejemplares que rechazan categóricamente tal cosa. Cambiarán con indignación su lugar de descanso en cuanto un humano se atreva a ponerle una manta o una almohada. Lo primero y más importante es que necesita un lugar para que el gato descanse si no tolera al animal en su cama. Así que ofrece una alternativa, ya sea que el gato la acepte o busque otro lugar, ya se verá.

Para un transporte seguro del vendedor a usted o posteriormente a un veterinario, necesita una caja de transporte. Los modelos de plástico son mejores que las cestas o las bolsas de tela desde el punto de vista higiénico. El gato puede hacer sus necesidades en la caja o vomitar o tener una herida sangrante. Elija una caja en la que el gato pueda tumbarse cómodamente.

Imagen 6Caja para gatos

Los absorbentes para incontinencia o para cachorros son perfectos como capa inferior de la caja. Absorben los líquidos y su gato se sienta seco. En los viajes más largos, tendrás que ofrecer agua al animal de vez en cuando, ya que los derrames se producen rápidamente. Poner una toalla o manta sobre el material absorbente. Su gato podría romperla y el contenido de dichas mantas no es muy digerible.

A menos que quiera tener un gato en el exterior, también debería considerarse la compra de un arnés para gatos con correa. Esto le da la oportunidad de realizar algunas salidas con el animal. En función del apego, también existe la opción de llevar al gato de vacaciones con usted y familiarizarlo con el entorno con una correa.

Asegúrate de elegir un modelo con una correa pectoral ancha y acolchada. Aún mejor son los modelos que se ponen como un body. Puede comprar arneses para gatos que también son adecuados para utilizarlos como cinturones de seguridad del coche. Puedes utilizar un adaptador para fijarlo al enganche normal de tres puntos del coche. De este modo, podrá llevar fácilmente a su gato en el coche para un viaje a la naturaleza.

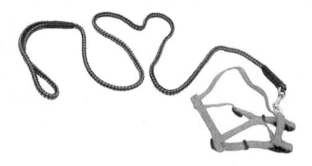

Ilustración 7: Correa

Importante: Tome la decisión rápidamente, ya que acostumbrar a un gato a la correa suele ser un éxito sólo con los gatos jóvenes.

Hacer que el hogar sea seguro para el gato

Los gatos deben familiarizarse primero con el nuevo entorno para reconocer los posibles peligros. Los animales mayores suelen explorarlos con la necesaria precaución. Los animales jóvenes se lanzan a un nuevo terreno sin experiencia. Piensa en la seguridad del gato antes de mudarte.

¿Qué pasa con los jarrones estrechos o los lavabos y acuarios? Los curiosos cachorros de gato se cuelan por todas las rendijas. La tapa de un inodoro es fácil de levantar, si el animal cae en el desagüe, difícilmente podrá salvarse. Coloque objetos pesados sobre tapas o cubiertas para que su gato no pueda moverlos. Despeja los recipientes con cuello estrecho para estar seguro.

Asegurar balcones y ventanas

A todos los gatos les gusta tener un lugar junto a una ventana abierta o en el antepecho del balcón. Si tienes un vagabundo y el piso está en la planta baja, no hay peligro. Su gato lo verá como su entrada y salida personal y lo utilizará. En los pisos más altos o en los que sólo hay gatos en el apartamento, hay que asegurar las ventanas y los balcones con redes. Los gatos rara vez sobreviven ilesos a una caída desde una gran altura.

Figura 8: Balcones seguros.

Asegure las ventanas en posición abatible si su gato puede meter la cabeza por la parte superior. Cada año, muchos gatos mueren porque se resbalan al tratar de trepar por el hueco. Su propio peso aplasta los órganos internos. Consiga rejillas trapezoidales que pueda fijar al marco de la ventana. Esto evitará que su gato caiga en esta trampa.

Precaución: tóxicos

Puede suponer que no tiene nada venenoso en la casa. Puede estar seguro de que en todas las casas hay productos que no son saludables para los gatos. Sólo algunas plantas de interior son inofensivas. Además, los pesticidas y los fertilizantes son tóxicos. También lo es el agua que queda en el platillo después de abonar. Es mejor poner las plantas en macetas y regar desde arriba.

Apenas se sabe que muchos alimentos pueden ser mortales para los gatos. El chocolate y el cacao, por ejemplo, contienen teobromina, el aguacate contiene persina y los compuestos tóxicos del azufre se encuentran en las cebollas, los puerros y el ajo. Estos últimos destruyen los glóbulos rojos. Puede ser fatal si su gato come estos alimentos. La carne de cerdo cruda es perjudicial si contiene el virus de Aujeszky y el atún o el hígado son tóxicos en dosis elevadas por su contenido en vitamina A. Por estas razones, no alimente a su gato con restos de comida de la mesa y no deje la comida abierta.

Producto	Tóxico	Síntomas
Aguacate	Persin	Dificultad para respirar Tos Hidropesía abdominal Edema subcutáneo aumento de la frecuencia cardíaca **A menudo termina fatalmente**
Chocolate Cacao	Teobromina	Diarrea Vómitos estómago hinchado comportamiento indisciplinado

		Convulsiones
		Problemas cardiovasculares
		Puede ser fatal
Carne de cerdo (cruda)	Puede contener virus Aujeszky	Vómitos Desasosiego Maullidos frecuentes Salivando Comportamiento agresivo Picazón Trastornos del movimiento Parálisis **La infección viral termina fatalmente**
Fruta de hueso Uvas	Contiene toxinas que pueden convertirse en ácido prúsico	Vómitos Palpitaciones Dificultades respiratorias
Atún Hígado	Metilmercurio Vitamina A	Problemas renales Hígado graso Enfermedades cardíacas Enfermedades oculares **ocasionalmente inofensivo en pequeñas cantidades**
Cebollas Cebollino Ajo	Los compuestos de azufre destruyen los glóbulos rojos	Diarrea Vómitos aumento de la respiración y del ritmo cardíaco de las patas de terciopelo mucosas pálidas Orina de color oscuro **Puede ser fatal**

Coloque todo lo que pueda ser peligroso para los gatos en armarios con cerradura. Si no hay opciones de cierre, coloca cerraduras a prueba de niños en las puertas de los armarios y cajones.

Algunos juguetes de bienvenida no son venenosos, pero pueden ser peligrosos para un gato. Las agujas de coser, el cordel, las gomas, el oropel y las bolsas de plástico pueden ahogar al gato o causarle problemas digestivos. Los pequeños juguetes de plástico blando también son peligrosos. Algunos gatos se vuelven locos por estos plásticos y se comen los juguetes. En el estómago, los plastificantes se escapan y las piezas se convierten en astillas duras y afiladas.

Peligro desde arriba

No hay altura fuera del alcance de los gatos. Mire a su alrededor e imagine lo que ocurre cuando su gato está en los armarios o estanterías. ¿Qué puede caer y con qué consecuencias?

Asegure los equipos pesados, como televisores u ordenadores. Es mejor poner el vidrio en un armario cerrado con llave en lugar de en una estantería. Los fragmentos de vidrio no traen suerte cuando las patas de los gatos los pisan.

Mira cada habitación e imagina lo que ocurre cuando tu gato se mueve de abajo a arriba en ella. ¿Qué puede caer? ¿Cuáles son las consecuencias de las caídas?

Acceso al piso

No importa si el gato se sienta en un balcón seguro o en un recinto exterior, necesita un acceso sin obstáculos al piso. No todo el mundo aprecia una puerta de balcón o de jardín constantemente abierta. Más bien, instale una gatera para que el gatito pueda entrar y salir a su antojo. Si tienes un recinto exterior alejado de la casa, puedes conectarlo a la entrada con un túnel de alambre. Aunque la puerta para gatos conecta una zona exterior segura con el hogar, son útiles las puertas electrónicas que sólo dejan pasar a los gatos con un chip específico. Siempre hay situaciones que requieren que sólo algunos animales puedan salir al exterior. Esto se puede regular fácilmente con las puertas especiales.

En el veterinario

Seguro médico para gatos

Algunas empresas ofrecen seguros que cubren los gastos veterinarios. Pero esto rara vez es un seguro completo. De todos modos, esto sería demasiado caro para la mayoría de los propietarios de gatos. Por otro lado, las tarifas que sólo cubren los costes de las operaciones que resultan necesarias debido a un accidente son muy baratas. Teniendo en cuenta los elevados costes de los tratamientos relacionados con los accidentes, esta cobertura es sin duda muy sensata.

Mucho más caras son las tarifas que pagan todas las operaciones relacionadas con la enfermedad en su totalidad. En este caso, es aconsejable elegir un modelo que sólo conceda un subsidio. El deseo sexual no es una enfermedad, por lo que las compañías sólo pagan la castración en casos excepcionales.

Lo que hay que saber sobre las vacunas

Seguro que quieres proteger a un animal querido de las enfermedades. Pero las vacunas no están exentas de riesgos. En los últimos años, cada vez es más frecuente la opinión de que hay que vacunar lo menos posible.

Uno de los efectos secundarios más trágicos es el sarcoma vacunal. Por esta razón, nunca se debe vacunar en el cuello o entre los omóplatos. Allí, un sarcoma no se detecta y difícilmente puede ser extirpado. Por ello, muchos veterinarios vacunan en la base de la cola o en una pata. En el peor de los casos, la amputación salva la vida del gato.

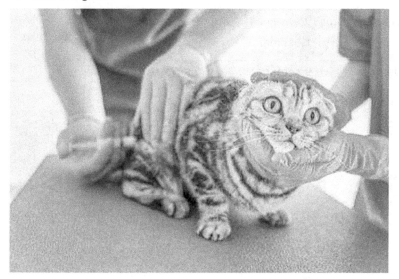

Figura 9Las vacunas a veces tienen que serlo.

La tabla recopila las recomendaciones de vacunación de la Universidad de Medicina Veterinaria de Viena (en noviembre de 1997) y las compara con los nuevos hallazgos. Muchos veterinarios, por ejemplo, rechazan la vacunación antes de la 13ª semana porque los cachorros están protegidos por los anticuerpos de la madre y, por tanto, la vacunación no produce inmunidad.

Infección	Inmunización básica	Vacunas de seguimiento
Panleucopenia	9 semanas 12 semanas	posiblemente de nuevo a las 16 semanas anual
Epidemia de gatos	9 semanas 12 semanas	anual
Frío de gato	9 semanas 12 semanas	cada 6-12 meses
Leucosis	9 semanas 12 semanas	anual
Rabia*	9 semanas 12 semanas	anual
FIP	16 semanas 19 semanas	anual

Nota: Casi todos los gatos se infectan con el FCoV sin llegar a enfermar. El virus puede mutar y provocar una ascitis mortal. Sólo el 10% de los animales infectados (sobre todo cuando se trata de leucosis) enferman.

* Pregunte al veterinario si vive en una zona con rabia antes de vacunar a un gato de exterior. La vacunación antirrábica es necesaria para viajar al extranjero, visitar exposiciones de gatos y alojarse en un centro de acogida de gatos.

Astillado del gato

Independientemente de que quiera mantener al gato en el interior o de que esté previsto que salga al exterior, haga que el animal tenga un microchip lo antes posible. Esto ofrece las siguientes ventajas:

✓ Puedes demostrar que el gato te pertenece. Un gato siempre puede perderse misteriosamente y aparecer con otra familia. Puede demostrar que es el propietario del animal mediante el número del chip y un certificado de vacunación u otros documentos.
✓ El chip facilita la búsqueda del gato si ha desaparecido. Los veterinarios y los refugios de animales, por ejemplo, reconocen por el chip que no se trata de un gato abandonado.
✓ El chip es adecuado para abrir las puertas de los gatos o los comederos para evitar el acceso de otros animales.

Por lo tanto, el microchip cumple varias funciones. En primer lugar, sirve para identificar al animal y asignarle una tarjeta de vacunación. En caso de duda, el chip y los papeles también pueden servir para demostrar que el gato es de su propiedad. El número del chip también ayuda a encontrar a los gatos perdidos, porque los veterinarios suelen comprobar si un gato que se les presenta por primera vez tiene un chip. Organizaciones como Tasso se encargan de informarle a usted, como propietario, cuando se encuentra un animal con el número de chip correspondiente.

En la vida cotidiana, los chips tienen otras funciones prácticas. Abren las puertas electrónicas de los gatos y los comederos y se aseguran de que sólo tengan acceso determinados animales.

La castración es imprescindible

Los gatos tienen muchas ganas de reproducirse, por lo que hay muchos más gatitos de los que los dueños cariñosos pueden encontrar. Por esta razón, rara vez es una alegría cuando una reina se queda embarazada. Los cuidadores de gatos machos en libertad no tienen que preocuparse por esto, pero sigue afectando a la seguridad del animal.

Los gatos machos no castrados vagan por grandes zonas y, por tanto, están expuestos a muchos peligros. Además, se pelean ferozmente con sus congéneres en cuanto huelen a una gata que está lista para aparearse (en celo). Además de las lesiones, las infecciones son un gran peligro.

Los gatos planos que no pueden vivir su impulso sexual sufren extremadamente. Las gatas lloran miserablemente por un macho y los machos lo intentan todo para llegar a una gata en celo. Además, los gatos machos marcan todo lo que encuentran con su orina de fuerte olor. El hedor es insoportable. Las gatas que no se aparean suelen estar en celo permanente. Esto los debilita completamente.

Si no quieres criar con un gato de raza, la esterilización es un acto de bienestar animal. Evitas un gran sufrimiento por el insatisfecho deseo sexual, así como la muerte de innumerables gatitos. Por desgracia, esto suele ocurrir de forma muy cruel cuando los propietarios de las gatas sólo quieren deshacerse de las crías no deseadas.

Por lo tanto, es mejor castrar a los gatos antes de que alcancen la madurez sexual. Ahorras a los animales un estrés innecesario y no tienes que buscar un hogar para las crías.

La mayoría de los criadores aceptan castrar a los gatos de todos modos. Algunos dan a los gatitos exclusivamente castrados.

Preparar la visita al veterinario

Si sólo es para una revisión o una vacunación, la preparación consiste en persuadir al gato para que entre en la caja. Algunos propietarios de gatos se quejan de duelos encarnizados con un animal que se resiste ferozmente.

Por supuesto, a su gato le parecerá horrible la caja si lo meten a la fuerza y, básicamente, las visitas al veterinario después. Con algunos trucos puedes ahorrarte el estrés a ti y al animal.

- ✓ Coloque la caja cerrada que contiene una golosina en la habitación donde está el gato. Su gato intentará entrar.
- ✓ Abre la puerta para que se lleven la codiciada golosina. No cierre la puerta hasta que el gato haya salido de nuevo.
- ✓ Repita el proceso hasta que su gato quiera entrar en la caja aunque no haya ninguna golosina esperándole dentro.
- ✓ Ahora cierra de vez en cuando la puerta de la caja y ábrela después de unos minutos. Su gato perderá poco a poco el miedo a quedarse encerrado en la pieza.

Lo ideal es no llevar al gato al veterinario sólo en la caja cerrada. Si el gato camina con correa, haz una excursión al bosque. Tal vez poner la caja cerrada en el jardín. Tu gato debe aprender que "encerrarlo en la caja" no es lo mismo que llevarlo al veterinario.

Algunos gatos incluso asocian la caja con un lugar en el que se está seguro. Se niega a salir en el veterinario y vuelve corriendo después del tratamiento.

Por cierto: un contenedor de transporte al que se le pueda quitar la tapa fácilmente es perfecto. Desde arriba, se puede sacar el gato más fácilmente y también meterlo.

Muestras de heces y orina

Si notas que tu gato probablemente tiene problemas digestivos, debes llevar una muestra de heces y orina al veterinario. Puedes coger fácilmente las heces con una pequeña bolsa de plástico de la bandeja sanitaria del gato. Para la muestra de orina necesitará un frasco limpio y con cierre, por ejemplo de mermelada. Sin embargo, la toma de la muestra es algo difícil. Hay tres métodos que han dado buenos resultados.

Método 1:

Se pone un cazo preparado y se espera a que el gato haga un esfuerzo para orinar. Ahora sostenga el cazo en el chorro de orina.

Para ser sinceros, esto sólo funciona si se trata de un retrete sin capota y su gato tiene el "temperamento de un somnífero". Normalmente se produce una divertida persecución, porque el animal salta indignado cuando te acercas con el cazo.

Método 2:

Consigue una jeringa desechable en la farmacia. Una vez que

tenga esto, retire casi toda la arena para gatos del inodoro. La mayoría de los gatos lo utilizarán excepcionalmente, incluso a regañadientes. Después de que el gato haya orinado, aspire el líquido con la jeringa.

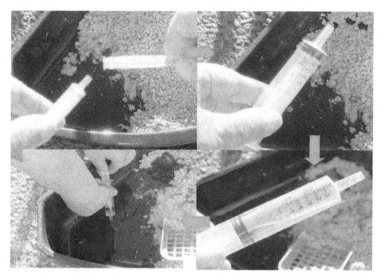

Figura 10: Toma de una muestra de orina, © rgladel

Método 3:

En las tiendas especializadas se pueden conseguir juegos compuestos por una camilla de plástico, una jeringa y un recipiente para la orina. Sustituir el lecho sanitario por el granulado de plástico. No absorbe el líquido, por lo que queda un "lago de orina". En caso contrario, proceda como en el método 2.

Se requiere anestesia

Es importante una preparación especial antes de las operaciones y exámenes que implican anestesia.

Porque la anestesia conlleva un riesgo. Los exámenes y procedimientos planificados sólo deben esperarse de los gatos sanos. Asegúrese de pedir al médico que controle la anestesia, es decir, que compruebe la respiración (frecuencia respiratoria y saturación de oxígeno), el sistema cardiovascular (frecuencia cardíaca, pulso, presión arterial), la temperatura y los reflejos constantemente durante la anestesia.

Para minimizar aún más el riesgo, siga estos consejos:

- Dar la última comida al menos 12 horas antes de la operación. Se puede dar agua al gato hasta 2 horas antes.
- Deja al gato con el veterinario hasta que se despierte.
- Proporcionar un ambiente cálido y tranquilo en casa con un lugar de retiro.
- Asegúrate de que no hay posibilidades de escalar en la habitación. Muchos gatos suben a las alturas aturdidos y se caen.
- No le des comida ni agua hasta que el gato pueda volver a caminar con normalidad.

Figura 11: Proteger al gato.

Los gatos tienden a lamer las suturas y también a tirar de los puntos. Prevenga esto colocando un collar de cono (collar de embudo) en el gato. Elija uno de material transparente para que la vista no se vea obstruida innecesariamente. Los trajes de baño no son una buena solución. Los gatos siempre encontrarán la manera de llegar a la herida cuando lo único que se necesita es un poco de tela para evitarlo.

Educación y formación de los gatos

Mucha gente está segura de que los gatos no pueden ser entrenados ni educados. Esto es un error, como se puede comprobar fácilmente en los grandes felinos entrenados en el circo.

El adiestramiento es incluso necesario para convivir con un gato.

El adiestramiento tiene como objetivo principal la ocupación, para evitar que los gatos se aburran.

Lo que los gatos deberían aprender

El hecho de que el gato pueda estar en la cama o en el sofá depende de ti. Sin embargo, hay que tener en cuenta que sólo algunas restricciones son adecuadas, especialmente para los gatos de interior. Cuanto más se permita al animal, más cómodo se sentirá. Un gato infeliz puede ser extremadamente molesto.

Todo gato debe aprender a no morder ni arañar demasiado. También es importante que tolere el cepillado, así como la revisión de sus ojos, dientes, orejas y patas. Con ejercicios especiales, puedes incluso entrenarles para que toleren las revisiones del veterinario y el afeitado de su pelaje. Esto ahorra al organismo del animal una anestesia estresante.

Cuando se entrena, se trabaja con el castigo. El castigo del gato consiste en detener sistemáticamente una acción prohibida. Regañar al gato lo considera más como una atención, porque tiene toda tu atención, pegarle o algo similar lo remite al humano y no a una fechoría que haya cometido. Su gato lo clasifica como peligroso y malhumorado, por lo que lo evita.

Ejemplo:

Su gato se acuesta en la cama con usted, lo que no quiere permitir. Así es como se le quita el hábito:

- ✓ Sólo tienes que levantar el gato de la cama y decir "no".
- ✓ Su gato volverá a intentarlo y usted seguirá el mismo patrón.
- ✓ Tras el quinto intento de tu gato, lo pones fuera de la puerta de la habitación e ignoras la protesta.

Es importante:

a) Todos los compañeros de casa tienen que participar. Ningún gato entiende por qué se le permite mendigar en casa de Tina y no en la de Tanja. Sin embargo, puede distinguir que se le permite dormir en la cama de Tina, pero no con Tanja.

b) Responde siempre de la misma manera. No dejes que se salga con la suya porque estés ocupado o demasiado cansado.

c) Utiliza siempre una palabra específica cuando prohíbas algo. "No" es mejor que "fie". Un huésped podría malinterpretarlo si usted grita "Fie" en cuanto el gato examina su equipaje.

d) Nunca dé una recompensa cuando el gato finalmente deje de hacer algo prohibido. De lo contrario, su gato asumirá que sólo tiene que hacer algo prohibido constantemente para ser recompensado.

Resumen: En el curso de la educación (mejor dicho, de la socialización) sus gatos aprenden a aceptar las prohibiciones y a soportar un procedimiento desagradable. La educación implica un castigo si el gato no obedece. La doma funciona con recompensas cuando el gato cumple una orden. No hay castigo si no le apetece.

Aprender a soportar lo desagradable

El cepillado, la limpieza de la suciedad de los ojos o el afeitado antes de una ecografía, su gato tendrá que soportar muchas cosas, que naturalmente no le gustan. La mayoría de las veces, es simplemente el miedo lo que hace que el gato se resista. Así que acostumbre a su mascota a ser cepillada, revisada y afeitada lo antes posible. Tenga cuidado de no herir al animal para ganarse su confianza.

- Primero comience por sujetar al gato durante uno o dos minutos. Di "no" si se resiste.
- Aumente el ejercicio examinando los cepillos, los ojos, las orejas y las patas. Los gatos suelen disfrutar del cepillado al poco tiempo.
- Cuando el gato acepte el cepillo después de unos días, toque al animal con una maquinilla de afeitar eléctrica.
- Encienda el aparato brevemente en cuanto el gato deje de tener miedo del aparato. (Por supuesto con el peine de esquilado cubierto, porque no quieres sacrificar ningún pelaje).
- Aumente también este ejercicio. El objetivo es que el gato acepte tranquilamente que le pases la cuchilla por el pelo varias veces.

Importante: diga siempre "no" si el gato se resiste y continúe el ejercicio durante al menos unos minutos. Sólo hay que superar la timidez de tocar un objeto que da miedo. Lo mismo se aplica a la colocación del arnés. Esto asusta al gato, pero rápidamente aprende que esta ropa le ayuda a salir al exterior.

Acostumbrar a los gatos a los perros

Los gatos son pequeños depredadores, pero están en el menú de algunos grandes depredadores. Por lo tanto, desconfían de todas las criaturas demasiado grandes como presa de caza. La mayoría de los perros parecen grandes y peligrosos para un gato. Especialmente cuando ladran y cargan contra ellos.

También está la diferencia en el lenguaje corporal. Los perros mueven la cola cuando usted está contento y de buen humor. Los gatos hacen movimientos similares cuando están enfadados y muy tensos. Incluso muestran su agresividad levantando la cola. En resumen, su gato asume que el perro que mueve la cola está atacando y el perro entiende la postura defensiva del gato como una invitación a jugar. Si el gato se escapa, Bello lo ve como el comienzo de un juego de persecución. El gato, sin embargo, corre por su vida.

El hecho es que la socialización puede fallar. Apenas hay posibilidades con un perro que tenga un instinto de caza extremadamente fuerte o un gato que haya tenido malas experiencias con perros.

En general, se aplica lo siguiente:

➢ Un gato joven suele llevarse bien con un perro que vive con usted. La aclimatación es relativamente fácil. Un gato viejo rara vez tolera una nueva incorporación.

➢ Los perros tranquilos con un instinto de caza menos pronunciado, como los perros de pastoreo, son más adecuados para socializar con los gatos que los perros de caza.

➢ El perro debe estar bien disciplinado y no ladrar cuando vea un gato.

➢ Garantizar un primer encuentro seguro. Lo ideal es que el gato esté en el transportín y el perro con correa se siente a unos dos metros de distancia. Ambos animales llegan a conocer el olor del otro.

➢ No abra la caja hasta que ambos animales se hayan calmado. Mantén al perro con una correa corta. Que se siente o se acueste. El gato debe ir hacia el perro, nunca el perro hacia el gato. El instinto lleva a los gatos a huir de los perros y a los perros a perseguir al animal que huye. Los gatos, en cambio, no tienen el instinto de correr detrás de un perro y los perros no huyen instintivamente de los gatos. Por lo tanto, no se desencadena ningún reflejo innato cuando un gato se acerca a un perro.

➤ Asegúrate de que haya lugares donde el gato pueda retirarse. Una cesta en lo alto de una estantería es un lugar seguro para el gato. Evite que el gato se acueste en la cesta del perro.

➤ Alimentar a los animales en lugares separados. La envidia alimentaria provoca estrés. Una buena solución es poner el cuenco de la comida del gato en un lugar elevado y alimentar al perro en una habitación lateral a la que el gato no pueda llegar.

En las primeras semanas es muy importante que los animales no tengan ninguna mala experiencia entre ellos. Esto no tiene por qué ser una pelea. Un gato que no puede salir de la caja de arena porque el perro está delante de él verá esto como algo muy negativo. No deje a los animales solos durante el periodo de asentamiento e intervenga si se produce estrés. No regañes ni tomes partido. Basta con separar los dos.

Al cabo de unos 14 días o tres semanas, debería empezar a surgir una amistad o, al menos, un respeto mutuo.

Acostumbrar al gato a la carretera

Una carretera con mucho tráfico es siempre un peligro para los gatos. Los animales no saben lo peligrosos que son los coches y no pueden juzgar la distancia y la velocidad. Sin embargo, los gatos suelen arreglárselas sorprendentemente bien.

- Acostumbre al gato lentamente al acceso al exterior. Lo ideal es que ya se haya instalado con usted y haya superado la fase de cachorro extremadamente juguetón.
- Elija un día en el que el tiempo tienda a ser fresco y húmedo. Evite también las horas de mucho tráfico. El animal también debe tener hambre. Ambos harán que el gato quiera volver a entrar voluntariamente.
- Abre la puerta y deja que tu gatito haga el resto. Probablemente explorará el nuevo terreno sólo con cautela. Los gatos muy tímidos no saldrán de la puerta hasta que usted los preceda.
- Por lo general, el gato quiere volver a la casa de seguridad después de un corto tiempo. Si no, llámala y atráela con comida.

Si tiene sentido acostumbrar al gato a la carretera con correa es una cuestión de debate entre los expertos. Por supuesto, esto evita que el gato corra despavorido delante de un coche. Por otro lado, la propia correa que impide que el gato se escape puede provocar el pánico. Algunos gatos se lesionan considerablemente al tratar de liberarse y, a menudo, también el humano que trata de sujetarlos.

Consejo: Intenta que el gato esté en casa por la noche y en las horas punta. Esto funciona mejor si se alimenta sistemáticamente a las horas en que se desea que el animal llegue a casa.

Por qué la doma tiene sentido

Si su gato vaga todos los días por la zona salvaje de la puerta de casa, ya tiene suficiente variedad. Si se trata de un gato de interior, hay que pensar en el adiestramiento. Fomenta la inteligencia del animal y evita que se aburra.

Todo entrenamiento se basa en la recompensa. No castigues a tu gato si no le apetece. La formación es bastante sencilla. Repitiendo pacientemente los ejercicios, su gato aprenderá rápidamente a realizar una acción a la orden.

- ✓ Comience por observar a su gato. Rápidamente descubrirá que, de todas formas, hay acciones basadas en sus actividades. Por ejemplo, el gato se sentará en su campo de visión cuando esté preparando la comida. O salta en la silla de al lado cuando te sientas.
- ✓ Vincula estas acciones con una palabra de mando. Diga siempre esto antes de dar una recompensa. Ejemplo: Su gato se sienta frente a usted. Dices "siéntate" y el animal recibe una golosina. Pronto el gato asocia la palabra con la acción.
- ✓ En el siguiente paso, anima al animal para que realice determinados movimientos o amplíe el truco. Atrae al gato a un lugar al que sólo pueda llegar saltando. Di "hop" mientras haces esto. Tan pronto como el gato salta a la orden. Sujeta un aro en la "trayectoria de vuelo". Su gato ahora saltará a través de un aro a la orden.

El llamado adiestramiento con clicker sustituye el regalo de comida adicional por un sonido típico. No hay nada de malo en dar a los gatos pequeños tentempiés de vez en cuando. Sin embargo, con el adiestramiento intensivo existe el peligro de que su gato pique tanto durante el adiestramiento que no coma comida normal para gatos porque está lleno. Esto se puede evitar con el adiestramiento con clicker.

El entrenamiento con clicker para gatos

El método de dar al animal una recompensa en forma de comida durante el adiestramiento tiene una gran desventaja. Después de un extenso entrenamiento, el gato está lleno de bocadillos. No toca la comida en el cuenco. Por lo tanto, tiene sentido utilizar un sonido como recompensa. El método se basa en el condicionamiento utilizado por el investigador ruso Ivan Petrovich Pavlov con sus perros. Dejó sonar una campana regularmente durante la alimentación. Después de cierto tiempo, los perros empezaron a salivar como si hubiera algo que comer en cuanto sonó la campana.

Es importante para el acondicionamiento que se trate de un sonido que pueda activar específicamente y que no suene en la vida cotidiana. El toque de la hora en un reloj, por ejemplo, es inadecuado. Por ello, se suele utilizar un pequeño dispositivo llamado "clicker". Se puede conseguir en las tiendas de animales.

El condicionamiento es bastante sencillo:
- Tome el clicker en una mano y una golosina en la otra. Mantenga las manos detrás de la espalda. Su gato no debe ver ninguna de las dos cosas.
- Llame al gato y espere hasta que el animal se fije en usted atentamente. Los gatos suelen percibir que algo inusual está

a punto de suceder y, por lo tanto, te observan con curiosidad.

- Dale la recompensa mientras activas el sonido.
- Repite el ejercicio de cinco a diez veces, preferiblemente a diario, durante unos 10 días.

Debes seguir utilizando el clic y una recompensa comestible cuando practiques los trucos durante algún tiempo, pero luego puedes dejar de lado el bocadillo.

Trucos apropiados para la especie

Muchas personas no están seguras de si deben permitir que su gato aprenda trucos. Temen hacer pasar al animal por algo que no es apropiado para la especie. Se olvida de que el gato normalmente sólo realiza movimientos cotidianos. Sin embargo, ahora lo hace a la orden.

Por ejemplo, su gato se sienta porque se siente cómodo al ver una golosina en su mano. Se estira hacia ella y se levanta sobre sus patas traseras para alcanzarla. Los gatos también se acuestan muy a menudo de espaldas simplemente para relajarse o porque pueden ver algo muy cómodamente. Todos los gatos siameses saltan de un lugar a otro con entusiasmo.

Los movimientos se convierten en una hazaña cuando los realiza a la orden. Dependiendo de la palabra de mando, el proceso puede parecer absurdo y de ninguna manera apropiado para la especie. "Hazte el gato muerto"; "Siéntate" y órdenes similares dan la impresión de que tu gato está realizando algo que no corresponde a su naturaleza.

Desde el primer día, observe qué movimientos realiza el gato que puedan convertirse en un truco. Intenta activarlas específicamente. Piensa en las palabras de orden que siempre dices cuando el gato hace algo específico. En cuanto se actúa de forma diferente, los gatos inteligentes aprenden muy rápidamente que la recompensa siempre está ahí, independientemente de que obedezcan o no.

El gato se escapó

La idea de que un día el gato no se siente frente a la puerta a la hora habitual es puro horror para los propietarios de gatos que andan sueltos. Hay algunas cosas que puedes hacer para volver a encontrar al animal.

Medidas de búsqueda adecuadas

Asuma que algo va mal con su gato si no vuelve a casa a la hora habitual. Actúe rápidamente, porque muy a menudo los gatos se han quedado encerrados accidentalmente en una habitación poco utilizada. Informa al vecindario de que has perdido a tu gato y pídeles que busquen en sótanos, garajes y cobertizos. Como los gatos heridos suelen esconderse, hay que buscar con cuidado, porque el animal no se dará a conocer. Camina por los caminos que sabes que tu gato suele recorrer. Mira si hay algún escondite o edificio que esté cerrado. Haz todo lo posible para que te permitan buscar en ellas también.

Nota: Buscar de nuevo después de la puesta de sol. Los gatos heridos o asustados a menudo sólo se atreven a salir de su escondite en la oscuridad.

No tienes que asumir que a tu gato le ha pasado algo malo todavía. Tal vez sólo esté explorando su entorno. Tal vez ha perdido una disputa territorial y no se atreve a volver a casa todavía.

Para la siguiente fase de la búsqueda, son importantes las características inalterables del gato. En el pasado, se recomendaban los tatuajes en las orejas. Dado que los cazadores de animales a menudo se limitan a cortarlas a los gatos, el vientre se suele tatuar posteriormente. Hoy en día, los microchips implantados bajo la piel son la norma habitual.

Después de dos o tres días, llame al municipio o al departamento de mantenimiento de carreteras y pregunte si se ha encontrado un gato muerto. Si no es el caso, amplíe la búsqueda.

Poner carteles con fotos del gato. Mencione también cuándo y dónde se vio al animal por última vez. Menciona también la identificación (tatuajes/chip). Informe también a los consultorios veterinarios y a los refugios de animales de los alrededores. Un mensaje a la policía también puede ayudar. Al menos sabrán si los cazadores de animales están trabajando.

Poner anuncios de búsqueda en los boletines locales. Pero no prometas una recompensa. Las apelaciones emocionales son más eficaces.

Atención: no indique su dirección ni su número de teléfono. Por desgracia, los chantajistas suelen presentarse exigiendo dinero antes de entregar el animal. No están en posesión del gato. Es mejor utilizar el número de una de las organizaciones que ayudan a encontrar animales perdidos.

Ayudar a las organizaciones

Puede registrar los animales desaparecidos en estas organizaciones. También ayudan a crear carteles y a buscar a través de Internet. Preséntese allí inmediatamente si no ha podido encontrar al gato durante la búsqueda local.

FINDEFIX - El registro de mascotas de la Asociación Alemana para el Bienestar Animal

- ➤ www.findefix.com
- ➤ Organización sin ánimo de lucro que trabaja con más de 740 organizaciones de bienestar animal y 550 refugios de animales.

Registro Central de Animales de Compañía TASSO para la República Federal de Alemania e. V.

- ➤ Correo electrónico: info@tasso.net
- ➤ www.tasso.net
- ➤ Organización sin ánimo de lucro que ofrece el registro y se especializa en la búsqueda de mascotas.

DTR GmbH

- ➤ info@deutschetierrettung.de
- ➤ Organización comercial que proporciona principalmente transporte de animales, servicios veterinarios y primeros auxilios para animales.

Gatos en el psicólogo

Muchos propietarios de gatos están seguros de que su gato tiene una teta completa, pero el animal simplemente se comporta como le dicta la naturaleza. El estrés con el gato es en realidad el estrés que el gato tiene con el humano.

Por ejemplo, los gatos suelen estar ya entrenados cuando se mudan con usted. La gata madre le enseña a usar la bandeja sanitaria. Si visita otros lugares, suele ser porque la bandeja sanitaria no está limpia. Pero el miedo y el estrés también suelen ser desencadenantes.

Si su gato le causa estrés, piense en las formas en que *está* estresando al animal.

Cómo piensa un gato

Muchos científicos suelen negar a los animales la capacidad de pensar. Seguro que ni el gato más inteligente resolverá un problema de trigonometría o te hablará de los poemas de Goethe. El pensamiento abstracto es ajeno al gato. Pero el pensamiento como proceso que forma el conocimiento a partir de las ideas y los recuerdos es familiar para todos los gatos.

Un instinto le dice que la comida se consigue cazando. Al convivir con los humanos, rápidamente se pone de manifiesto que los gatos son capaces de llegar a una realización a partir de la memoria. "Yo maúllo a mi humano y él abre la caja de comida".

Descartar el contenido de aprendizaje, a menudo complejo, como simple condicionamiento es incomprensible. Por ejemplo, un gato aprende a abrir una puerta. Esto suele llevar a que a partir de ahora ninguna puerta esté a salvo de ella. Transfiere los conocimientos a otros lugares. Esto significa que puede distinguir entre el obstáculo de una puerta y el de una pared o ventana. También reconoce la conexión entre la manilla y la apertura de una puerta. Ningún gato que haya entendido una vez que tiene que empujar la manilla hacia abajo, trabajará nunca en el lado de la bisagra de la puerta para abrirla. Ciertamente, nadie negará a un niño que ha aprendido a abrir una puerta pensando. También debe confiar en que su gato tiene cierta capacidad de pensar.

Además, los gatos demuestran claramente que tienen libre albedrío. No obedecen ciegamente las órdenes como un perro, sino que deciden caso por caso. Obviamente, hay que sopesar las ventajas y los inconvenientes.

Pero no transfieras una mentalidad humana a los gatos. Tu gato no quiere enviarte un mensaje si no usa la bandeja sanitaria. O lo encuentra completamente inadecuado para sus propósitos o algo le pasa. Al igual que los niños que se orinan en los pantalones, las causas son muy variadas. Los problemas urinarios, la ansiedad y el estrés conducen a la suciedad. No es intencional.

Tu gato tampoco conoce la venganza. Si ataca inmediatamente a una persona que le ha hecho daño, no es por venganza. Ha almacenado la experiencia que esta persona le hace daño. Dependiendo del temperamento del animal, se esconderá de esta persona o la atacará para alejarla.

Curas aromáticas para gatos

Los gatos marcan su territorio con olores que difunden a través de glándulas entre los dedos de los pies y en las mejillas. Su propio olor les da seguridad, los olores extraños les causan estrés. No es de extrañar que su gato reaccione de forma estresante ante nuevos muebles o compañeros de piso. El olor es extraño.

Dado que los gatos reaccionan a los olores, puede tener un efecto en la psique del animal con el olor de la habitación. En una lámpara de aroma, difunde esencias naturales de romero, lavanda, melisa o manzanilla romana. Esto calma a los gatos y reduce el estrés.

Aún más eficaces son los sprays, los spot-ons o los atomizadores con hormonas del bienestar reproducidas sintéticamente (feromonas). Ya están disponibles en diferentes variantes para la relajación, la aclimatación y la armonía.

Los gatos cuyo instinto de juego ha disminuido pueden reanimarse con un juguete perfumado con valeriana o hierba gatera. Sin embargo, no debes esparcir estos aromas por toda la habitación. Esto pone nervioso al gato.

Algunas preguntas típicas

Probablemente el gato se pregunte por qué te irritan sus acciones.

El gato lo lame todo

Es natural que su gato lo examine todo de cerca. Esto incluye explorar la textura y el sabor con la lengua. A veces esto ocurre simplemente por aburrimiento o por costumbre. También puede encontrar la sensación de pasar la lengua por un objeto simplemente hermoso.

A muchos gatos les encanta lamer plásticos. Esto puede deberse a que algunos productos contienen harina de pescado. Por lo general, un olor agradable para el gato también le incitará a realizar una prueba de sabor intensa. Si se te cae la carne al suelo mientras cocinas, tu gato seguirá oliendo que algo sabroso estaba allí horas después e incluso tras la limpieza. ¿Por qué no debería lamer el lugar intensamente?

El gato araña la puerta

Hay dos posibles razones para este comportamiento:

o Según entiende, el gato no araña la puerta. Simplemente intenta abrirlo. Incluso puede haber enseñado al gato el comportamiento de forma inconsciente. Su gato intentó eliminar el obstáculo con su pata. A continuación, abre la puerta. Así aprendió que rascarse abre una puerta.

o La otra razón por la que un gato trabaja en la puerta con sus garras tiene que ver con el propósito de arañar. Los gatos no se afilan las garras rascando, sino que marcan su territorio de esta manera. Hay glándulas aromáticas entre los dedos de los pies. Presionan su olor contra la puerta para mostrar a todos los intrusos que ahí comienza su territorio. Las marcas de arañazos profundas en la puerta indican la fuerza de su gato. Por esta razón, los gatos suelen arañar en las puertas de entrada, junto a las ventanas y las puertas de los balcones.

El gato corre por el piso

Su gato simplemente tiene una necesidad de moverse que quiere vivir. Los gatos no sólo están acostumbrados a arrastrarse lentamente. También corren. Te puede sorprender que el gato corra dentro del piso y no fuera de la puerta. Probablemente se mueva con cautela en el exterior porque hay otros gatos cerca o porque sospecha de otros peligros. En tu piso se siente segura y se va.

Los dueños de gatos hablan de los 5 minutos fuertes. La carrera no es más larga, sino más corta. La carrera suele ir acompañada de otras acciones:

1) El gato frena a todo galope y cambia de dirección.
2) Grita, maúlla o arrulla mientras lo hace.
3) Algunos saltan sobre los muebles o se suben a lo alto.
4) La agitada limpieza corta también forma parte de ella.

Los psicólogos hablan de un comportamiento hiperactivo. Su gato simplemente tiene un exceso de energía y la está gastando. Muchos gatos dan unas cuantas vueltas alrededor del piso cuando han hecho el gran negocio. Después lo entierran y descansan.

Si juega intensamente con el gato todos los días, el comportamiento se producirá con menos frecuencia. Los juegos de caza son ideales. El animal intenta atrapar un fuelle de plumas que cuelga de una caña de pescar o un punto de luz (puntero láser, puntero LED).

Precaución: Nunca dirija la luz láser a los ojos del gato. La luz es perjudicial. Puede cegarlo.

El gato lo arruina todo

No, su gato no destruye nada. Es simplemente un juego. Es un daño colateral. Recuerda lo que dije al principio sobre si un gato te conviene y que tienes que negociar un compromiso con él.

Intenta ponerte en el lugar de tu gato en esta situación. El siguiente escenario te ayudará:

Tú (el gato) vives solo. El hogar es atendido por un ama de llaves (la dueña del gato). La señora cocina excelentemente, eso le encanta. Además, su personal mantiene las cosas ordenadas, pero según un sistema que no le gusta. El ama de llaves decora con cariño la gran mesa del salón con un ramo de flores, una exquisita cesta de frutas y velas. No te gusta la fruta y quieres usar la mesa para armar un rompecabezas de 20.000 piezas para tu pasatiempo. Así que pones las flores con un jarrón y la fruta en la cocina, el candelabro va en el armario. Empiezas con el puzzle y al cabo de unas horas tienes un pequeño rincón preparado.

Quieres continuar al día siguiente después del trabajo. Pero hay velas, fruta y un jarrón en la mesa de nuevo, se encuentra el rompecabezas en la caja de nuevo. Tu trabajo está destruido. Así que todo vuelve a empezar. Desgraciadamente, no tienes forma de comunicarte con el ama de llaves. Esperas que la señora entienda el mensaje. Quieres armar un rompecabezas sobre la mesa, que no sea un desastre. Esa es su necesidad. Así es como quieres pasar la noche.

Por supuesto, tu ama de llaves no entiende por qué siempre haces tanto lío. Sigue guardando el rompecabezas y te regaña con la cesta de frutas, las flores y las velas. Incluso cuando se tira todo con rabia, nada cambia.

Usted (el gato) puede avisar al ama de llaves (el propietario / cuidador). Un gato de exterior probablemente huirá y buscará un hogar más cómodo. Pero tú mantienes un gato plano. Eso significa que están conectados con el ama de llaves y sólo pueden seguir ensuciando con la esperanza de que la señora no los limpie.

¿Entiendes ahora a tu gato? Busca la variedad y la encuentra. Un cojín de sofá triturado es un gran juguete que le siguen quitando. No puedes quitarle el hábito de jugar con él, porque tu gato tiene que golpear con sus garras el material hasta que los jirones vuelen. Este comportamiento no es un mal hábito. Es parte de su naturaleza.

No sirve de nada asignar oportunidades de arañar, porque su gato quiere marcar su territorio en los lugares que le parecen adecuados. Sólo tiene la opción de colocar oportunidades de arañar donde el animal se rasca y de proteger las paredes o las puertas con material adecuado (véase "Oportunidades de jugar, trepar y arañar").

Por supuesto, no quieres que el gato estropee el caro sofá de cuero. No sirve de nada prohibirlo, pero sí hacer que sea poco atractivo para el gato rociándolo con zumo de limón o esencia de cítricos. A las patas de terciopelo no les gusta el olor.

Por lo demás, permite al gato un poco de desorden. Deje las cajas durante unos días. Dale conos y hojas del bosque para que juegue. En general, ayuda que te involucres más intensamente con el animal y que juegues con él.

El gato se abre paso en el piso

Normalmente los gatos son muy limpios y aprenden a usar la caja de arena ya desde cachorros. Si la gata madre no se lo ha enseñado, suele bastar con mostrarle dónde está la bandeja sanitaria.

Si su gato ve todo el piso como un retrete, hay una razón. Si lo descubres, el problema suele estar resuelto. En la tabla se enumeran las posibles causas y sus remedios.

Causa	Señales	Remedio
Problemas del tracto urinario	El gato expulsa frecuentemente pequeñas cantidades de orina.	Veterinario
Inodoro para gatos inadecuado	El gato va a la caja de arena, la examina y no la utiliza.	Limpiar, posiblemente utilizar una camada diferente y buscar un nuevo lugar.
El gato no se siente en casa y marca su territorio.	También marca al rascarse intensamente.	No elimine las marcas de arañazos del gato. Eliminar los restos de orina y heces con agua tibia y alcohol.
El olor del	Inmediatamente se	No utilice productos

producto de limpieza hace que el gato orine.	dirige a los lugares donde has limpiado.	de limpieza que contengan amoníaco o lejía.
El gato está estresado.	Parece totalmente asustada.	Utiliza aromas en vaporizadores para calmarte (feromonas especiales, romero, lavanda, melisa o manzanilla romana).

El gato no se abraza

En la naturaleza, los gatos son más bien solitarios. Acurrucarse juntos sólo ocurre con los cachorros. Gracias al contacto con los humanos, los gatos se han acostumbrado a las caricias y los mimos, y algunos disfrutan con ello. Entre los gatos de raza hay incluso verdaderos aficionados a los mimos. Los siameses, birmanos y el sagrado birmano suelen incluso acicalarse juntos.

Que a tu gato le gusten los mimos depende de su carácter y de la confianza que tenga en ti. Por regla general, a los gatitos les encanta el contacto físico estrecho con los humanos. Pero si ocupas literalmente a los animales, estropearás incluso la ternura de un gatito mimoso.

Básicamente, tu gato determina lo cerca que puedes estar de él. No fuerces al gato. Atrae al animal y tócalo suavemente. Dé una golosina como recompensa. Poco a poco, la mayoría de los gatos disfrutan de las caricias. Sólo a algunos gatos les gusta que les cojan en brazos. Tienden a ver los apretones y los abrazos como una amenaza. En cambio, una suave caricia sobre el cuerpo les agrada.

Importante: Nunca ir a contrapelo por el pelaje. Casi todos los gatos lo odian.

El gato me tiene miedo

Un gato no es un animal grande y peligroso. Tiene muchos enemigos en la naturaleza. Algunos lo consideran una presa, otros animales se llevan lo que han cazado. Algunos animales de presa también son más defensivos de lo esperado o son defendidos repentinamente por el animal madre. El miedo es esencial para que los gatos sobrevivan, porque les proporciona la precaución necesaria.

No son un peligro para el gato. ¿Pero lo sabe ella? La llevaste al veterinario que la lastimó. Además, eres grande y ruidoso. Tu gato no entiende por qué gritas de repente porque te golpeas el pulgar con un martillo. Para el animal, sólo eres imprevisible, por lo que se aconseja precaución. Tal vez su gato ya haya tenido malas experiencias con la gente. Ella es escéptica si está a punto de tener uno contigo también.

Lo más importante es que tu gato tenga un refugio seguro desde el que pueda observar lo que ocurre en el piso. No acose al animal allí, déjelo en paz. Cualquier intento de sacar al gato de su escondite es un ataque. Ya se siente amenazado cuando acecha frente a la entrada.

Ignora a tu gato. Tampoco intentes atraerla con juguetes. Es más efectivo si simplemente tocas para ti con una cuerda o un fuelle. Tu gato te observa y a veces las ganas de perseguir son más fuertes que el miedo y te sigue el juego. No reaccione a esto. Sigue jugando como antes. Tu gato aprenderá que no le pasará nada.

Habla con una voz suave y gentil. Los gritos de alegría también dan miedo. Evite mirar fijamente al gato y hablarle directamente. Asegúrate de dejarle comer en paz y usar la bandeja sanitaria. Tarde o temprano el gato se acercará a ti. A ver si te permite tocarlo. Si es así, acaricia suavemente desde la cabeza hacia la espalda. Sin embargo, no haga ningún movimiento frenético y en ningún caso sujete al gato.

Limite el entrenamiento a unas pocas prohibiciones absolutamente necesarias, pero comience con ejercicios para soportar algo sólo cuando se haya establecido la confianza en usted. La doma no es un problema e incluso puede ayudar a relajar la situación.
Trabajar con aromas como acompañamiento. Vaporice romero, lavanda, melisa o manzanilla romana en lámparas de aroma. Si esto no ayuda, compra vaporizadores eléctricos en tiendas de animales que difunden "mensajes de armonía" a través de feromonas.

Enfermedades típicas de los gatos

La mayoría de las enfermedades de los gatos mencionadas en este capítulo requieren tratamiento veterinario. Utiliza los remedios caseros como máximo durante un corto periodo de tiempo y no dudes en acudir al veterinario si no hay mejora.

Respiración

El gato respira rápidamente o con dificultad.

La respiración rápida y el jadeo no tienen por qué ser un signo de enfermedad. Los gatos reducen su temperatura corporal cuando hace calor, por ejemplo, jadeando.

Por lo tanto, un aumento a corto plazo de la frecuencia respiratoria no es un problema. Además del calor, la excitación y el esfuerzo pueden ser los desencadenantes.

Si no está seguro, mida la frecuencia respiratoria del gato dormido. La respiración se indica con la subida y bajada del pecho. Entre 20 y 30 respiraciones por minuto son normales.

Importante: Observa al gato, pero no lo toques. El tacto modifica la frecuencia respiratoria porque perturba el sueño.

Si el gato hace más de 30 respiraciones por minuto mientras duerme o jadea con frecuencia sin motivo, haga que un veterinario aclare la causa.

El gato tiene algo en la garganta.

Las arcadas, la salivación y la deglución vacía indican que el gato tiene algo atascado en la garganta. Además, el animal intenta vomitar. Los sonidos respiratorios son fuertes y se puede reconocer la dificultad respiratoria.

Importante: Si el gato tiene algo atascado en la garganta o en la tráquea, un veterinario debe ayudarle. Las medidas que se describen a continuación deben entenderse como primeros auxilios si no se puede acceder a un ayudante capacitado.

➢ Si el objeto sigue en la garganta, puedes intentar sacarlo con los dedos. Sujeta un trozo de madera entre los dientes porque el gato morderá por miedo. Llevar la mano a la cavidad oral para extraer el cuerpo extraño

➢ Si el cuerpo extraño ha penetrado más profundamente, golpee firmemente con la palma de la mano entre los omóplatos unas cinco veces y levante al gato por las patas traseras. Sacudir el animal.

Si el animal no tiene absolutamente nada de aire y no puede toser, la muerte por asfixia es inminente si no se interviene.

Importante: Sólo realice el llamado método Heimlich si el gato no puede respirar porque el cuerpo extraño bloquea completamente la tráquea. Este es un caso muy poco frecuente.

✓ Coloque al gato sobre su lado derecho y golpee con la palma de la mano con fuerza entre los omóplatos cinco veces.

✓ Ahora intente aumentar la presión en los pulmones comprimiendo el abdomen. Coloque una mano en el abdomen del animal con el talón de la mano detrás del esternón o detrás del arco costal. Aplicar una presión impulsiva hacia el diafragma con un movimiento de empuje hacia delante. No comprima la caja torácica mientras lo hace.

✓ Repita el procedimiento un máximo de cinco veces. En cuanto el cuerpo extraño se afloje un poco y el gato pueda volver a respirar, intente extraerlo con el método descrito en el punto 2.

Practique estas medidas de antemano con expertos e infórmese de antemano. Es poco probable que estas instrucciones le ayuden en caso de pánico.

Ojos

Muchos gatos de raza son propensos a las enfermedades oculares hereditarias, pero los gatos domésticos normales también pueden desarrollar repentinamente problemas en los ojos. Los signos son nubosidad, ojos llorosos, ensuciamiento de la zona alrededor de los ojos, así como hinchazón, enrojecimiento o dilatación diferente de las pupilas. A veces, los temblores o el parpadeo constante delatan que algo va mal en los ojos. El comportamiento del gato también es un indicio de enfermedad ocular. Frotarse o rascarse el ojo con frecuencia o la aversión a la luz son indicaciones claras.

Importante: Mire a los ojos del gato todos los días, pero no mire fijamente al animal. Los gatos se sienten rápidamente amenazados cuando están expuestos a miradas intensas.

Causas comunes de las enfermedades oculares

- Las lesiones mecánicas suelen ser la causa de los ojos hinchados y las inflamaciones, especialmente en los animales de exterior. Los golpes con las garras durante las peleas territoriales y las ramas a veces provocan lesiones graves. Las inflamaciones suelen evitarse con un tratamiento rápido de las heridas en el veterinario.
- Los cambios en los ojos suelen producirse con enfermedades subyacentes como la diabetes, la leucosis, el herpes o la

hipertensión. El gato está enfermo, pero no tiene una enfermedad ocular en sentido estricto.

- Una infestación por virus o parásitos puede desencadenar una conjuntivitis. A menudo fluyen secreciones de la nariz (catarro de gato) y se producen problemas con los párpados.

Los gatos también pueden sufrir glaucoma o cataratas.

Resumen de las enfermedades oculares típicas de los gatos

Designación	Descripción	Tratamiento
Conjuntivitis	Ojos enrojecidos e hinchados y lagrimeo intenso	Debe ser tratado por un veterinario.
Lesiones de la córnea	Lesión en el ojo visible.	Cuidado de las heridas para prevenir la inflamación.
Iris	Deformaciones o manchas de pigmento en el iris	Hereditario o tumoral; Debe ser aclarado por un veterinario.
Korneasequester	La córnea muerta que puede provocar una alteración de la visión.	Hereditario, no hay tratamiento posible.
Prolapso de la membrana nictitante	La membrana nictitante no se abre ni se cierra completamente.	Parásitos, otitis media o diarrea. Debe ser aclarado por el veterinario.

Alumnos	Cambios en el alumno	Daños en la retina debidos a la inflamación, la hipertensión o los síntomas de carencia; Hay que consultarlo con el veterinario.

Explicaciones:

- Membrana nictitante: Pequeño pliegue de la conjuntiva en el párpado interior del gato. Puede que sólo sea visible como un pequeño punto en el párpado.
- Conjuntiva: Membrana mucosa transparente que cubre el interior del párpado y la parte delantera del globo ocular.
- La córnea: Disco transparente que forma el ojo exterior delante del cristalino.
- Iris: Piel que rodea la pupila dentro del ojo. Es la parte del ojo que define el color de los ojos.
- Pupila: abertura a través de la cual la luz incide en la retina.

Remedios caseros para la inflamación de los ojos

Si los síntomas son graves o persisten durante mucho tiempo, un veterinario debe hacerse cargo del tratamiento. Sin embargo, usted mismo puede limpiar y tratar con seguridad un ojo débilmente lloroso o ligeramente pegajoso.

Enfríe un ojo hinchado con un paño húmedo que haya colocado en el refrigerador durante un corto tiempo. Aún mejor es una bolsa de té que ha estado en el refrigerador durante unos minutos después de la preparación.

Limpiar los ojos pegados con agua tibia, té negro o té de hierbas.

Los tés tienen efectos diferentes. El té negro es relajante, el té de hinojo hace que la hinchazón baje más rápido y la salvia reduce la inflamación.

Importante: No tome infusiones de manzanilla, porque la planta tiene pequeños pelos que irritan aún más el ojo.

Miembros

Por desgracia, los gatos son enormemente capaces de sufrir. Apenas se permiten notar el dolor. Si el gato cojea, puede suponer que tiene mucho dolor. La hinchazón indica picaduras de insectos o lesiones.

Limpia

Trate de saber, por la forma de andar del gato, qué pata está afectada y si el gato sólo descansa la pata o no pone ningún peso en ella.

Fíjate bien en la pata. Si está hinchada, es probable que el gato cojee porque le duele poner peso en la pata.

Si no hay hinchazón en la pata, la causa son los huesos o las articulaciones de la pata. Si el animal lo tolera, se puede saber por palpación si hay una fractura o una distensión o esguince. Por regla general, sólo un veterinario puede identificar la causa exacta y tratar la lesión mediante un examen radiológico.

Pata hinchada

Ver si hay alguna lesión, como un corte en el juanete. Desinfectar las heridas abiertas para prevenir infecciones.

Si no encuentra una herida, es probable que el gato haya pisado una avispa, un abejorro o una abeja. Una picadura de insecto duele mucho, pero suele ser inofensiva. Examina la pata cuidadosamente. Todavía puede haber un aguijón en él. Quítalo. También ayuda a enfriar la picadura. No utilice pomadas, porque el gato las lamerá.

Orejas

Los primeros signos de que algo va mal en las orejas son el rascado frecuente de la oreja y una sacudida violenta de la cabeza. Si se pasan por alto estos signos, lo que suele ocurrir con los animales en libertad, aparecerán otros signos de la llamada sarna de las orejas (otitis externa parasitaria):

- ➢ Secreción auricular marrón (cerumen)
- ➢ Canal auditivo enrojecido
- ➢ Formación de costras y cortezas en caso de infección prolongada
- ➢ Hedor de la oreja

Las orejas de un gato sano están limpias y no huelen. Si el gato huele por la oreja o hay migas oscuras en ella, la enfermedad ya está bastante avanzada. Tienes que ir al veterinario.

Por lo general, se le dará una pomada y usted mismo realizará el tratamiento en casa:

- Afloje las costras con un hisopo de algodón humedecido. Para los animales inquietos, es mejor formar con un pañuelo de papel una mecha que se introduce en el oído humedecida con agua.
- Aplique también la pomada en ambos oídos varias veces al día hasta que no salgan más migas del oído. Trate ambos oídos aunque la infestación esté en un lado.
- También es importante realizar el procedimiento en todos los gatos y perros de la casa, porque la enfermedad es contagiosa.
- Lave todas las mantas y limpie las zonas de descanso de sus gatos. Los ácaros pueden sobrevivir días y semanas lejos de su huésped si el ambiente es húmedo.

Consejo: Coloca mantas, cestas y otros lugares para dormir bajo el sol abrasador. La sequedad mata a los ácaros.

Consecuencias de los accidentes

En particular, los animales en libertad son más propensos a sufrir accidentes. Muchos animales chocan con un coche, lo que puede provocar roturas de huesos, conmoción cerebral y lesiones internas. Por lo tanto, si sabe que su gato ha sido atropellado, un veterinario debe aclarar siempre las consecuencias.

Desgraciadamente, para muchos propietarios de gatos es imposible reconocer que el gato ha tenido un accidente. Como se ha mencionado: los animales tratan de ocultar el dolor. Por ello, hay que saber reconocer las lesiones y quizás tratarlas con remedios caseros.

Estado de shock

La condición es un signo de un accidente sufrido, pero también de envenenamiento. Se manifiesta con los siguientes signos:

× La temperatura corporal desciende por debajo de los 37 grados. Por lo tanto, el animal siente un frío inusual.

× El pulso parece acelerado. Es más de 120 latidos por minuto.

× La respiración es superficial y rápida.

× Las membranas mucosas de su gato están entre pálidas y blancas en estado de shock. Examine siempre las encías.

Una prueba ayuda a reconocer claramente un choque. Presione suavemente las encías pálidas con un dedo. Si no se vuelve rosa en unos segundos, su gato está definitivamente en estado de shock.

La condición es potencialmente mortal, por lo que debe actuar rápidamente.

a) Acostar al gato sobre una manta, porque no debe enfriarse más.

b) Coloque el animal en el lado derecho del cuerpo. La parte trasera del cuerpo debe estar elevada, ya que de lo contrario se corre el riesgo de dañar el cerebro por falta de oxígeno.

c) Estira la cabeza para que el gato pueda respirar mejor. Una cabeza inclinada hacia delante o hacia abajo les dificulta la respiración.

d) Si es necesario, detenga la hemorragia externa con un vendaje de presión o un torniquete.

e) Ahora cubra el gato sin cubrir la cabeza.

f) Lleve al gato en esta postura al veterinario lo antes posible.

Conmoción cerebral

Una caída desde una gran altura, una colisión con un coche y, a veces, con la puerta de casa pueden provocar un traumatismo craneoencefálico en los gatos. No se puede detectar si se trata sólo de una conmoción cerebral o incluso de una hemorragia cerebral sin un examen de rayos X.

Los signos de que algo no va bien son los vómitos, la marcha aturdida y el hecho de que el gato duerma más de lo habitual. Como puede haber una hemorragia cerebral, debe acudir al veterinario inmediatamente. Como muy tarde, cuando se produzcan calambres, ya es hora de acudir al médico. Si sabe algo del accidente, descríbalo con detalle. Esto ayudará al diagnóstico.

Hernia de disco

Al igual que en el caso de los humanos, a menudo basta con un movimiento inofensivo para que se produzca una hernia discal. Se manifiesta a través de un fuerte dolor y posiblemente parálisis. Es posible que su gato ya no pueda retener las heces y la orina o que sus patas traseras cuelguen de forma inamovible.

Una leve hernia discal da lugar a síntomas bastante inespecíficos. Al gato ya no le gusta que le acaricien el lomo o ya no se limpia correctamente. Algunas partes del pelaje se desgreñan. Otro signo es que su gato ya no sube a los lugares favoritos más altos.

Dado que el acontecimiento que conduce a una hernia discal suele pasar desapercibido, siempre debe pensar en esta posibilidad si su gato muestra alguno de los síntomas descritos.

Un veterinario debe aclarar si existe una hernia discal y determinar su gravedad. La cirugía sólo es necesaria en casos graves. El médico administra analgésicos y suele prescribir ciertos ejercicios para fortalecer los músculos.

Esguinces y torceduras

Su gato descansa la articulación afectada o un músculo estresado. Por lo tanto, se mueve con menos fluidez de lo habitual. Mediante una cuidadosa palpación, normalmente se puede averiguar exactamente qué articulación está afectada. En caso de hinchazón o si la zona afectada está caliente, enfríe la lesión con un paño húmedo durante un máximo de 15 minutos.
Si no nota ni hinchazón ni calor, puede tratarse de tensión. El calor ayuda aquí. Poner una almohada de grano caliente.

Precaución: También puede haber una fractura. Si no puede encontrar la articulación que causa el dolor o si el tratamiento no tiene efecto, consulte a un veterinario. Sólo un examen radiográfico puede dar información precisa sobre la naturaleza de la lesión.

Lesiones internas

Dependiendo del órgano lesionado, los gatos muestran diferentes síntomas. Las lesiones en el tórax suelen provocar falta de aire. A menudo sólo hay dolor al levantar al gato, lo que es un indicio de hemorragia interna. Los problemas para orinar o defecar también son signos. La sangre en la orina o en las heces, los vómitos con sangre o los esputos con sangre son otros signos de alarma.

Debido a la pérdida de sangre, las mucosas se vuelven cada vez más pálidas. Este suele ser el único signo claro de que su gato tiene una lesión interna.

Si tiene conocimiento de un accidente (colisión con un vehículo, caída desde una altura de más de 2 metros, un impacto "desafortunado" durante una caída desde una altura baja o similar), consulte siempre a un veterinario si el gato ya no puede ser levantado o muestra otros síntomas mencionados. Si no tiene constancia de ningún accidente, observe al gato durante un rato antes de acudir al veterinario. No hay que esperar más de unos días, el animal está sufriendo.

Digestión

El gato vomita sangre

Si se encuentra sangre en el vómito de un gato, por lo general hay que consultar al veterinario inmediatamente. La única excepción es si vomita hierba de gato con algunas gotas de sangre mezcladas. Por lo general, los mocos que vomita son ligeramente rosados porque la hierba era afilada y hería la mucosa.

Mira de cerca el vómito. A veces se trata simplemente de alimentos que se asemejan al color de la sangre.

En caso contrario, recoge el vómito en una bolsa y acude al veterinario inmediatamente. A partir de esta muestra y de otros exámenes, el veterinario puede aclarar la causa e iniciar el tratamiento.

La sangre brillante suele proceder del esófago. Probablemente el gato ha comido algo que le ha hecho daño. La sangre antigua coagulada es más probable que indique un tumor o una inflamación del revestimiento del estómago. Sin embargo, también puede ser una lesión interna.

Moco sanguinolento o sangre en las heces

Ambas son señales de alarma alta. El animal debe ir al veterinario. Como en los humanos, puede tratarse de pólipos inofensivos en el intestino, pero también de un tumor o de una lesión interna. No espere y lleve al gato al veterinario inmediatamente.

Diarrea y pérdida de apetito

La diarrea ocasional no es un problema. Pero debería aprovecharlo para pensar en lo que ha comido su gato. Los gatos no toleran la leche. Asimismo, los productos azucarados o con almidón (pasteles o dulces) y las proteínas y fibras difíciles de digerir pueden provocar diarrea. ¿Su gato ha estado mordisqueando la mesa? ¿Los niños le dieron de comer el pastel?

Si has cambiado la comida, vuelve a darle al gato la comida habitual en los próximos días. Como se ha mencionado (ver Consejos sobre el cambio de alimentación), muchos gatos reaccionan con problemas digestivos si se les da de repente un alimento diferente.

Asegúrate de que tu gato ingiere suficiente agua, porque la diarrea puede provocar deshidratación.

Si no hay otros síntomas como la apatía y la pérdida de apetito, puede esperar con seguridad dos o tres días para ver si la condición mejora. Sin embargo, si su gato no bebe ni come, debe acudir al veterinario inmediatamente. Un gato nunca debe pasar hambre durante más de un día.

Nota: Si un animal en libertad parece estar en forma en general pero no come nada, normalmente no está enfermo. Simplemente ha encontrado un lugar de alimentación que ofrece comida más sabrosa. Pregunte en el vecindario si su gato come allí habitualmente.

Ausencia de heces y pérdida de apetito

El estreñimiento es más frecuente si el gato come mucho alimento seco y no bebe lo suficiente. Las pastas de malta y productos similares contra las bolas de pelo tienen un efecto laxante. Si el gato no las lame, frote un poco en el pelaje del flanco o de la pata delantera. Su gato empezará inmediatamente a lamer la "cosa".

Un tazón de leche también tiene un efecto laxante. Por lo tanto, la leche es un buen remedio para el estreñimiento.

Si el gato no defeca durante más de dos días, debes acudir al veterinario. Esto es especialmente cierto si no le gusta comer.

Los signos de alarma más importantes son los vómitos y la incapacidad de evacuar juntos. Su gato probablemente tiene una obstrucción intestinal. Los laxantes son ahora peligrosos. Necesita ver a un veterinario inmediatamente.

Dientes y encías

Como ya se ha mencionado, los gatos son propensos a tener problemas con los dientes y las encías porque la dieta habitual de los gatos no puede limpiar los dientes. Por lo tanto, debe alimentar al gato con carne cruda y dura al menos dos o tres veces por semana.

Remedios caseros para la gingivitis

La mayoría de los remedios caseros que funcionan excelentemente contra la gingivitis son tóxicos para los gatos. Por lo tanto, el aloe vera, la manzanilla, el jengibre y el aceite de clavo no deben utilizarse nunca en un gato. Las infusiones de salvia, melisa, lavanda y romero son antibacterianas y antiinflamatorias. Prepara una infusión y aplícala en las zonas inflamadas de las encías cuando se enfríe.

En las tiendas especializadas se pueden conseguir los llamados "copos de pasta de dientes". Estos eliminan incluso el sarro si el gato los recibe regularmente.

Sin embargo, en el caso de una inflamación grave, lamentablemente sólo puede ayudar un complejo tratamiento dental en el veterinario bajo anestesia general.

¿Cuánto cuesta el tratamiento dental en el veterinario?

Incluso el gato más valiente no tolerará el tratamiento dental, aunque el veterinario le aplique una anestesia local. Por lo tanto, incluso para una limpieza dental, se requiere una anestesia general. Por ello, hay que prever que se paguen al menos 120 euros.

Durante el examen, el veterinario también comprobará el estado de los dientes. Él le aconsejará sobre cuáles deben ser extraídos. Dependiendo del número de dientes, se cobra entre 500 y 600 euros.

Tenga en cuenta que su gato sufrirá un dolor considerable si no se hace el trabajo dental.

Síntomas y causas de un vistazo

Síntoma	Causa inofensiva	Señal de alarma/ causas peligrosas
Emaciación	Temporada de apareamiento aumento de la actividad	Vómitos, diarrea/ Parásitos, infección
Falta de apetito	Al gato no le gusta la comida. Come fuera de casa.	Salivación, diarrea, vómitos, fiebre/ Inflamaciones, tumores
Dificultad para respirar		Cuerpo extraño en la garganta, fiebre, respiración de costado, tos, estornudos, arcadas/ Resfriado de gato, laringitis, neumonía

Vientre, lleno y gordo	Comer mucho Alimentos grasos Cambio de alimentos Obesidad Embarazo	Dolor, vómitos, ausencia de heces, ruidos intestinales, flujo vaginal, dificultad para respirar/ Obstrucción intestinal, estreñimiento severo, inflamación, problemas del tracto urinario, complicación del parto, PIF
Diarrea	Alimenta el cambio de comida estropeada come con demasiada avidezLeche borracha	Fiebre, vómitos, diarrea acuosa-espumosa-sangrienta, descarga de parásitos/ Inflamación, infestación por parásitos
Vómitos	Comer en excesoCambio de pelo	Diarrea, fiebre, mucosas pálidas, estómago tenso, dolor/ Infección, parásitos
No come	Comer en exceso La comida está demasiado caliente o demasiado fría. Comida desconocida	Salivación, mal aliento, fiebre, apatía/ Inflamaciones, cuerpos extraños en la boca
Come mucho	Anteriormente la escasez de piensos Envidia de la comida	emaciación, bebe mucho/ enfermedad glandular, diabetes, infestación de parásitos
Pérdida de cabello	Cambio de cabello	Inquietud, picores, gusanos en las heces/

		Hongos en la piel, parásitos intestinales, intoxicación
aumento de la micción	bebió mucho Inquietud antes del nacimiento	Emaciación, orina con sangre, abdomen doloroso, flujo vaginal/. Inflamación, diabetes
reducción de la micción	Bebidas poco hace fuera	Abdomen lleno, duro y doloroso, apatía, fiebre/ Problemas renales, cálculos urinarios
Erupción cutánea	se rasca de vez en cuando, demasiada comida seca, picaduras de pulgas	Pérdida de cabello, picor, enrojecimiento, caspa/ Eczema, parásitos, hongos en la piel. Enfermedades del hígado
Tos	TragadoHierba de ahogar con pelos de	Vómitos, aumento de la respiración, inflamación de los ojos, salivación, fiebre/ Inflamación, cuerpo extraño en la garganta
Cojera	pelo pegado entre las almohadillas	Alto grado de cojera, posición anormal de la pierna/ cuerpo extraño, lesión, esguince, fractura, inflamación articular
Lamer fuertemente	Ectoparásitos Rolliness nacimiento incipiente Mordedura de insecto	Pérdida de cabello, picor, emaciación, secreción/ Eczema, hongos en la piel, infestación severa de parásitos

Mal aliento	Dieta desequilibrada con pescado	Secreción salival, no come, náuseas/ Problemas de dientes o encías, inflamación
Salivando	Dentado	Mal aliento, no come, calambres, dificultad para tragar/ Problemas de dientes o encías, inflamación, intoxicación
Bebe mucho	Tiempo caluroso mucho alimento seco	Heces de gran calibre, micción frecuente, come mucho, Flujo vaginal/ Inflamación, diabetes
Hinchazón local	Burbujas pequeña inflamación después de una lesión	La zona está caliente y dolorosa, sigue creciendo, segrega secreciones/ Absceso, tumor, hematoma
Estreñimiento	Demasiada comida seca hueso comidoCambio de pelo	Abdomen duro, dolor, corazón y pulso acelerados/ Obstrucción intestinal, tumor en el intestino, parásitos
Compulsión sin párrafo	Estreñimiento en el cambio de cabello el nacimiento se aproxima	Apatía, inquietud, expresión de dolor, secreción sanguinolenta/. Cálculos urinarios, estreñimiento, complicación del parto, parálisis

Varios

Gato goteando por la boca

La salivación puede indicar enfermedades del sistema digestivo, así como una intoxicación. Sin embargo, si no nota ningún otro síntoma, no debe pensar lo peor. La salivación es estimulada por la anticipación de la comida. Por razones desconocidas, muchos gatos también salivan en respuesta al placer y la excitación de cualquier tipo.

Vigila a tu gato cuando gotee por la boca. Esto suele ocurrir cuando pide comida o cuando se le acaricia.

El gato pierde la garra

A menos que encuentres sangre en la garra, tu gato no ha perdido una garra, sino que simplemente se ha desprendido del zapato de la garra. Las uñas del gato están formadas por la proteína estructural creatina, que se encuentra en varias capas de cuernos. Por lo tanto, no es compacto ni una masa homogénea como un cuchillo, sino una estructura en forma de concha formada por varias capas de cuernos. Cuando se rasca en el poste de rascado o en otras superficies, se desprende la capa superior, la llamada zapatilla de garra o bolsa de garra.

Por lo tanto, normalmente encontrará las supuestas garras que su gato pierde cerca de los muebles de rascado. En las patas traseras, los gatos arrancan los zapatos de las garras con los dientes. Esto también suele ocurrir en las patas delanteras si no se pueden retirar del poste de rascado. Por lo tanto, no es raro encontrar los zapatos de garra en otros lugares de la casa.

Ilustración 12: Zapatos de garra, ©rgladel

El gato pierde pelo

La primera cuestión es si se trata de una caída de cabello normal. En primavera y otoño debe esperar que su gato pierda mucho pelo. Durante este tiempo, debe cepillar al animal con regularidad. Esto es fácil para el sistema digestivo, porque se traga menos pelo cuando se cepilla. También evitarás que el piso se ahogue en una avalancha de pelos de gato.

La alopecia felina difiere de este cambio natural de pelaje. Esto puede tener 3 causas:
- Trastornos del crecimiento del cabello
- Daños en la raíz o en el tallo del cabello
- El gato se lame la calva

Si no crece suficiente pelo, puede haber un trastorno hormonal como el hipertiroidismo o un trastorno nutricional. Si el cambio a una dieta más rica en vitaminas o los complementos alimenticios no ayudan, un veterinario debe aclarar la causa.

Los daños en las raíces o en los tallos del cabello suelen ser consecuencia de los ácaros demodex, de los hongos de la piel o, con menor frecuencia, de la inflamación bacteriana del folículo piloso. El aumento de la pérdida de cabello suele ir acompañado de otros síntomas. Las zonas de la piel inflamadas, abiertas y exudativas o la caspa indican la causa. Por supuesto, un veterinario debe ayudar.

Una de las causas más comunes de la falta de pelo y el pelaje fino en los gatos es la alopecia autoinducida felina (FSA). Su gato se lame tan fuerte que se le cae el pelo. Como el acicalamiento es normal en los gatos, los propietarios no suelen notarlo. Busque las siguientes señales:

- Su gato sólo está calvo en los lugares que puede alcanzar con su lengua. Por lo tanto, la cabeza y el cuello muestran una pilosidad normal.
- Hay pelos de gato en las heces.
- Su gato regurgita bolas de pelo.

Puede averiguar con seguridad si el gato es el responsable de la caída del pelo mediante un examen microscópico de los pelos caídos en el veterinario.

Sin embargo, su gato no se lame la calva sin motivo, sino porque suele estar atormentado por un picor insoportable. Por ello, hay que aclarar si el gato está infestado de hongos, ácaros o pulgas. En el capítulo "Pulgas y garrapatas" se explica cómo detectar una infestación de pulgas. Si el gato no tiene pulgas, el veterinario debe comprobar si hay ácaros.

A veces las alergias son el desencadenante del picor. ¿Has cambiado la comida? ¿Hay cambios en la casa (nuevas plantas o aromas en la habitación; a veces es la arena del gato)? Hay que buscar la causa de la alergia como un detective y apagarla.

Más raramente, el estrés o el aburrimiento son la razón de los ataques de lamido del gato. Considere como causas los cambios en el territorio del gato, los cambios familiares y un cambio importante en la rutina diaria. Los olores de la habitación (ver Curas aromáticas para gatos) y una mayor actividad con el gato suelen ayudar.

Infestación por gusanos en los gatos

Los gusanos son los llamados endoparásitos que viven dentro del gato. Por esta razón, la infestación no es tan fácil de notar como la causada por ectoparásitos como pulgas y garrapatas. Se puede reconocer una infestación con mayor claridad cuando el gato siente picor alrededor del ano y, por tanto, se frota el trasero contra el suelo. Sin embargo, la mayoría de los signos son inespecíficos, la diarrea y/o los vómitos, la pérdida de apetito y de peso y el pelaje apagado también pueden tener otras causas. Una "barriga de gusano" hinchada sólo se produce con una infestación masiva.

Muchos gusanos no causan casi ningún síntoma en el gato, pero también pueden transmitirse a los humanos en algunos casos.

Resumen de los diferentes gusanos en los gatos

Arte	Frecuencia	Información
Gusano	Muy a menudo, hasta el	Transferible a los

redondo	35% de los gatos están infestados.	humanos. Contaminación de los fosos de arena con huevos de gusanos
Anquilostoma	En raras ocasiones, entre el 1 y el 10 % de los gatos están infectados.	Penetra a través de la piel. Puede infectar a los humanos.
Lombriz Solitaria	Bastante raro	La tenia del pepino se transmite por la ingestión de pulgas. La tenia del zorro también infecta a los humanos. Se transmite al gato a través de la presa como huésped intermedio.
Gusano pulmonar	Relativamente común, alrededor del 15% de los gatos son portadores	Entra en el gato a través de los pájaros y ratones como huéspedes intermedios.
Gusano del corazón	Todavía es raro en Alemania, pero es frecuente en la región mediterránea	Transmitido al gato por ciertos mosquitos. Los mosquitos se encuentran actualmente en Baden-Württemberg y Turingia.
Gusano de la vejiga	Raro, entre el 1 y el 5% de los gatos están infectados.	Se transmite a través de la lombriz de tierra huésped intermedia. Causa cistitis.

Hay que desparasitar a los animales de exterior mensualmente aunque no sean sintomáticos. Los remedios no tienen un efecto a largo plazo como los insecticidas que ayudan contra las pulgas.

En el caso de los gatos de interior, la desparasitación es aconsejable si hay niños pequeños en la casa y si se observan síntomas. También hay que desparasitar siempre al gato si ha tenido pulgas.

Los remedios contra las lombrices están disponibles en forma de pastas y pastillas en el veterinario.

Pulgas y garrapatas

La infestación por pulgas también se produce en los gatos de interior. Las garrapatas, en cambio, rara vez se encuentran en los gatos que no tienen acceso al exterior.

Eliminar las garrapatas

Las garrapatas son arácnidos, no insectos. Se posan en las hierbas y se dejan caer sobre un huésped que pasa por delante de ellas. En él, buscan un lugar adecuado para picar. Las garrapatas segregan una secreción en la herida de la picadura que anestesia e impide la coagulación de la sangre. De este modo, el gato no nota la picadura y la garrapata puede beber la sangre sin problemas durante días. Crece hasta el tamaño de una semilla de judía. Se desprende por sí mismo y busca un nuevo huésped cuando la sangre es digerida. Los gatos de interior se infestan sobre todo de garrapatas que otros animales han traído a casa.

Estos parásitos no huelen a sus posibles huéspedes; las garrapatas se orientan al calor y al aire que respiran. Por lo tanto, los remedios que supuestamente previenen las picaduras de garrapatas apenas sirven. Tampoco hay que matar a las garrapatas con polvo antipulgas, pegamento o aceite en el gato. Libera grandes cantidades de secreción en la herida. Así es como los gérmenes entran en el gato.

Figura 13: Eliminación correcta de las garrapatas.

Utilice un gancho para garrapatas o una tarjeta para garrapatas para eliminar la garrapata mecánicamente. Entre el cuerpo de la garrapata y la piel del huésped, empuje la hendidura que hay en el instrumento. Arranca la garrapata, normalmente saldrá por completo. Sin embargo, no es un drama si una parte de la cabeza se atasca, será repelida.

Desinfectar la herida y observar si cambia y se inflama. Es posible que un veterinario tenga que hacerse cargo del tratamiento.

Descubrir una infestación de pulgas

Si sólo hay unas pocas pulgas en el gato, es difícil notarlas. Peine regularmente el pelaje de la base de la cola con un peine antipulgas. Extiéndalo sobre un papel húmedo.

Normalmente no se cogen pulgas al peinar, pero sí se recogen los excrementos de las pulgas. Las pequeñas manchas oscuras contienen sangre seca. En el papel húmedo, los puntos apenas visibles se funden en manchas marrones oxidadas más grandes. Esto es una clara señal de que el gato tiene pulgas.

Prevención y control de las pulgas

El ciclo vital de las pulgas demuestra lo difícil que es controlarlas. Una pulga hembra pone unos 30 huevos en el pelo del gato 24 horas después de la fecundación. Estos se desprenden del animal. Los huevos, que sólo miden 0,5 mm, son muy resistentes y casi imposibles de controlar. Después de 4-5 días, las larvas eclosionan. Los esconden en grietas, ya que pueden secarse fácilmente. Se alimentan de los excrementos de las pulgas y pupan después de algunas mudas. Las pupas también son extremadamente resistentes y apenas pueden ser destruidas. Las pulgas adultas salen de los capullos, que tienen un tamaño de unos 5 mm, e inmediatamente buscan un huésped. La eclosión se desencadena por el aumento del dióxido de carbono o las vibraciones, ya que esto indica la proximidad de un huésped.

Para controlar eficazmente las pulgas, nunca es suficiente con matar los parásitos en el gato. Los siguientes métodos son comunes:

- Método 1: Nunca rocíe el animal con spray ambiental. Se utiliza para matar las larvas. Las pupas y los huevos sobreviven y también muchas larvas en los escondites. Así que hay que repetir el tratamiento varias veces.
- Método 2: El polvo antipulgas se utiliza para destruir las pulgas del gato. Por desgracia, esto no daña los huevos, las larvas o las pupas.
- Método 3: Los collares antipulgas distribuyen polvo o gas un veneno. Sólo funcionan contra las pulgas del gato. La aplicación puede provocar reacciones alérgicas en animales y personas. Los gatos con los que juegan los niños nunca deben llevar los collares. Un collar antipulgas puede evitar que un gato de exterior coja una pulga. Sin embargo, los collares son un problema con los gatos que andan sueltos, ya que pueden quedar atrapados en los arbustos con ellos.
- Método 4: Los spot-ons son preparados que se aplican sobre la piel del gato en la nuca. Envenenan la sangre del huésped y, por tanto, matan a las pulgas. Los gatos toleran bastante bien los preparados, pero no son eficaces contra los huevos, las larvas y las pupas. Por desgracia, muchas pulgas se han vuelto resistentes a los venenos, por lo que los remedios no siempre funcionan.
- Método 5: Las trampas eléctricas para pulgas atraen a las pulgas adultas a través del calor. Éstas quedan adheridas a una capa adhesiva. Son adecuados para mantener alejadas del gato las pulgas recién nacidas. También son un indicador de infestación. Las trampas apenas sirven para el control.
- Método 6: El control de las pulgas en el veterinario suele hacerse con varias pastillas. Uno de ellos garantiza que los

excrementos de las pulgas sean tóxicos para las larvas. Ya no pueden mudar de piel y morir. El otro medicamento mata las pulgas del gato de forma rápida y fiable. A menudo, un tratamiento es suficiente.

Sólo una combinación del método 1 con uno de los métodos 2 - 5 o el método 6 combatirá eficazmente las pulgas.

Medios que son peligrosos:
Nunca intente controlar las pulgas con vaporizadores que ayudan contra los mosquitos. Los gatos no pueden tolerar el veneno que se libera. Los gatos tampoco toleran los aceites esenciales, como el aceite de árbol de té, que a menudo se ofrece como remedio ecológico contra las pulgas.

No utilice insecticidas o productos antipulgas para perros que contengan permetrina. El veneno nervioso provoca una intoxicación grave, que se manifiesta por temblores, fuerte salivación, convulsiones, dificultad para respirar, vómitos y diarrea. Los gatos ya pueden ser envenenados si un perro lleva un collar antipulgas de este tipo.

Sobre nuestra serie: Mi gato de toda la vida

Ahora tienes un amplio conocimiento sobre los gatos. Si aún no tienes un gato en casa, sabrás qué esperar después de leer esto. Como orgulloso propietario de un gato, ahora puede entender mejor lo que ocurre en el interior del animal. Por cierto, la mayoría de los propietarios de gatos se enamoran de ellos y aceptan de buen grado los arañazos en los muebles y los pelos en la alfombra. La alegría que da el animal supera los inconvenientes.

Este es el séptimo volumen de una serie de guías compactas y realistas sobre el tema del adiestramiento de gatos. Los temas individuales son presentados por autores que tienen muchos años de experiencia y amor por los gatos. Le deseamos muchos años felices y relajados con su mascota.

Nos encantaría recibir una reseña positiva.

Cómo cuidar a un gato

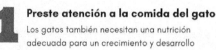

1 **Preste atención a la comida del gato**
Los gatos también necesitan una nutrición adecuada para un crecimiento y desarrollo óptimos. Para ello, es importante saber qué vitaminas y nutrientes contiene la comida para gatos que elija

2 **Limpieza periódica**
Los gatos también necesitan una nutrición adecuada para un crecimiento y desarrollo óptimos. Para ello, es importante saber qué vitaminas y nutrientes contiene la comida para gatos que elija.

3 **Las vacunas para gatos son muy importantes**
Está demostrado que las vacunas para gatos ayudan a estos peludos a tener un sistema inmunitario fuerte para luchar contra las enfermedades.

4 **Realizar la esterilización**
La esterilización (en el caso de los gatos machos) y la castración (en el caso de las gatas) permiten reducir la superpoblación de gatos, de modo que se puede controlar el número de gatos callejeros. La esterilización también puede hacer que los gatos vivan más tiempo.

5 **Preste atención a la limpieza**
Proporcione arena para que el gato defeque, también proporcione una cama limpia para el lindo animal. Especialmente si tiene un gato persa o de angora. Y en realidad, los gatos son animales a los que les gusta la limpieza.

¿Por qué mis gatos actúan de forma tan purrculiar?

¿Por qué mi gato se queda mirando a la nada?

No, no siempre se trata de fantasmas. Puede que sólo sigan la pista a un par de bichos que se pelean en el aire o que escuchen a los vecinos hablar detrás de la pared porque tienen unos sentidos muy agudos, o puede que sólo se metan contigo.

¿Por qué mi gato come hierba?

¡Relájate! Tu gato no se está convirtiendo en una vaca. Los gatos comen hierba para ayudarles a vomitar y limpiar el estómago porque a veces comen bichos o pájaros pequeños que pueden ser difíciles de digerir. La próxima vez, presta atención a lo que comen.

¿Por qué mi gato siempre se sienta en mi portátil?

Puede ser un poco molesto, pero hay una dulce razón detrás. Los gatos se sientan en el teclado de tu portátil porque quieren que la atención de su persona favorita sea sólo para ellos, no para el monitor.

¿Por qué mi gato me muerde de repente los pies?

No te preocupes. El gato no te odia. De hecho, sólo quiere jugar contigo. Así que será mejor dar lo que el gato quiere y seguirle el juego. También puede ser su actividad para aliviar el estrés.

Está muy bien preocuparse por los comportamientos peculiares de nuestro gato. Asegúrate de llevarlos al veterinario y pedir un diagnóstico o una explicación.

108

Cuidado diario de las mascotas
Horario

Cómo ser un mejor propietario

7:00 am

Dar comida y agua

7:30 am

Deja que salgan a hacer sus necesidades

10:00 am

Permitirles dormir la siesta

4:00 pm

Llévalos a pasear

6:00 pm

Dales la cena

La obra, incluido su contenido, está protegida por derechos de autor. Queda prohibida la reimpresión o reproducción, total o parcial, así como el almacenamiento, el tratamiento, la duplicación y la distribución mediante sistemas electrónicos, total o parcialmente, sin la autorización escrita del autor. Todos los derechos de traducción están reservados.

El contenido de este libro se ha investigado a partir de fuentes reconocidas y se ha comprobado con mucho cuidado. No obstante, el autor no se responsabiliza de la actualidad, exactitud e integridad de la información proporcionada. Las reclamaciones de responsabilidad contra el autor, que se refieran a daños de tipo sanitario, material o idealista, que hayan sido causados por el uso o desuso de la información presentada y/o por el uso de información incorrecta e incompleta, son en principio imposibles, si por parte del autor no se puede demostrar una culpa deliberada o aproximadamente negligente. Este libro no sustituye a los consejos y cuidados médicos y profesionales.

Este libro hace referencia a contenidos de terceros. El autor declara expresamente que, en el momento de crear los enlaces, no se apreciaba ningún contenido ilegal en las páginas enlazadas. El autor no tiene ninguna influencia en los contenidos enlazados. Por ello, el autor se desvincula expresamente de todos los contenidos de todas las páginas enlazadas que hayan sido modificadas después de establecer el enlace. De los contenidos ilegales, incorrectos o incompletos y, especialmente, de los daños resultantes del uso o no uso de dicha información, sólo es responsable el proveedor de la página enlazada, no el autor de este libro.

Todos los derechos reservados.
Las imágenes tienen licencia de https://de.depositphotos.com/.
M. Mittelstädt, Sherif Khimshiashvili Street N 47 A, Batumi 6010, Georgia
All Rights Reserved.
© copyright 2022 roswitha berger

CPSIA information can be obtained
at www.ICGtesting.com
Printed in the USA
BVHW031302230622
640493BV00014B/1181